Amor no caleidoscópio

Título:
Amor no Caleidoscópio

Autoras:
Ana Garrido
Célia Figueira

Paginação e Design de capa:
Ana Sofia Pinto

Made in the USA
San Bernardino, CA

1.ª edição - Agosto 2020
ISBN: 979 866 750 438 2

Índice

Introdução

Convidamos o leitor a refletir sobre um dos aspetos da sua vida que tem, sem sombra de dúvida, a maior importância: o amor. Olhámos para ele sob vários pontos de vista. Mas privilegiámos, é certo, duas áreas de conhecimento: a psicologia e a literatura. Resultou um conjunto de reflexões que abordam dezoito aspetos do sentimento amoroso, reflexões que valem cada uma por si, mas que ganham muito na complementaridade com que estão dispostas. Como pétalas de um malmequer. Como na rotação de um caleidoscópio.

Procurámos escrever sobre o amor num compromisso entre seriedade e leveza. Lemos vários estudos no campo da Psicologia. Valorizámos trabalhos com impacto na atualidade como os de John Alan Lee com a sua tipologia amorosa associada às cores ou os de Robert Stenberg com a sua teoria triangular do amor. Recorremos também à prática clínica como fonte de conhecimento das questões amorosas e incluímos um capítulo dedicado a casos reais.

Os conhecimentos da Psicologia foram, por outro lado, combinados com alguns casos apresentados na literatura e no cinema, recorrendo-se à ficção ou à poesia para melhor exprimir algumas problemáticas amorosas. Assim, usámos coletâneas de poemas, romances do século xx, filmes que são conhecidos do grande público. Procurámos sempre que os nossos exemplos tivessem atualidade.

Os subtemas abordados são muitos (as diferentes formas de amar, o amor para homens e para mulheres, a orientação sexual, a liberdade e o compromisso, a ilusão no amor, a influência da internet, o que faz com que um amor seja feliz....). Mas tivemos de nos limitar, porque tomámos consciência de como este desdobramento se tornaria imparável já que haverá, provavelmente, outros tantos subtemas desafiantes para tratar.

Ao contrário do que muitos expressaram antes, nós não partilhamos a opinião de que o amor é indefinível. O amor é muitas vezes uma experiência difícil e de difícil compreensão e existem muitas problemáticas a ele associadas, o que não é o mesmo que ser inexplicável ou intangível. Este nosso trabalho pretende ser um pequeno contributo para a clarificação de alguns comportamentos associados ao sentimento amoroso. Não é um livro de autoajuda, é uma obra de reflexão, que tem como base o conhecimento das autoras, as suas pesquisas bibliográficas, a prática profissional e a discussão em grupos alargados durante o tempo da preparação desta obra.

Este pequeno volume está dividido em quatro partes: definições de partida – onde se analisam algumas noções básicas; problemáticas amorosas – onde se levantam e perspetivam problemas dos relacionamentos amorosos; casos em consulta – onde são apresentados casos reais e; finalmente, atitudes facilitadoras e desenganos – onde se sugerem e analisam algumas atitudes positivas para atenuar as problemáticas, ou fazer crescer de forma mais saudável os relacionamentos amorosos. Depois de percorrido o caminho que propomos, através dos textos que agora se seguem, temos encontro marcado no momento da conclusão para ligar outros fios desta meada.

Parte I –
Algumas definições

Não é fácil o amor, melhor seria arrancar um braço

Não é fácil o amor. Melhor seria arrancar um braço. Fazê-lo voar... agora, que pensámos no amor, ocorrem-nos os versos[1] que Janita Salomé cantou. Não é fácil o amor. Pelo menos para alguns.

Tão difícil que é também um motivo de medos e de desafios ou, dito de outra maneira, de desistências e investimentos. Nos períodos de desistência, pensa-se: o melhor é nem amar. E são muitos os que desistem, dizendo que estão velhos para isso ou que se sentem bem sozinhos, mas escondendo a principal razão: para eles o amor é difícil ou muito difícil. E quer saibamos ou não, estamos, nesse propósito, a seguir os conselhos do nosso poeta Ricardo Reis: *quer gozemos, quer não gozemos, passamos como o rio./ Mais vale saber passar silenciosamente/ e sem desassossegos grandes. Sem amores nem ódios, nem paixões que levantam a voz, nem invejas que dão movimento demais aos olhos.*

---

[1] Os versos são de Luís Pignatelli.

Camões conseguiu comunicar tanto sobre as dificuldades do amor-paixão que é uma referência obrigatória. Basta pegar no tão conhecido soneto *Amor é um fogo que arde sem se ver* e percorrer o poema (é ferida, é um contentamento descontente, é dor) até à sua magistral conclusão: *mas como causar pode seu favor/ nos corações humanos amizade,/ se tão contrário a si é o mesmo amor?* O que, dito de outra maneira, seria: mas por que carga de água continuamos a querer tanto sentir estas contradições todas, queremos tanto sentir o diabo deste sentimento que é o amor? Sim, o diabo deste sentimento. Porque faz sofrer e ainda por cima desnorteia e confunde.

No entanto, o amor é fundamental. Trata-se de um sentimento que alimenta cada ser vivo desde muito cedo e que, por ser tão fundamental, se pode tornar motivo de grande sofrimento quer pela sua ausência, quer pela sua ambiguidade. Desde cedo o sofrimento, quando a criança ou a cria nascem e não há amor para a receber. Esta é uma ausência que perdura a vida toda. Que pode ser "compensada", mas não totalmente redimida. É quase fatal essa ausência, embora os seres vivos (especialmente os humanos) e os acontecimentos da vida, em interação, proporcionem outras formas criativas de dar e receber amor, ao longo da vida.

O amor é difícil, mas os motivos dessa dificuldade variam bastante. Ter demasiadas ilusões em relação ao objeto do amor é um deles, idealismos de quem ainda não conhece bem o outro e acredita na sua perfeição. Ora, a perfeição, já todos parece que deveríamos saber, não existe. O tal *dei causa a que a fortuna castigasse as minhas mal fundadas esperanças,* — reparem, Camões diz *mal fundadas esperanças;* ou o *que as magoadas iras me ensinaram a não querer já nunca ser contente,* epítomes da ilusão e do medo de amar, em versão camoniana. Mas a lista das dificuldades pode ser muito extensa. Ter uma baixa autoestima e não se achar capaz de ser amado, por exemplo. Ou tornar o amor numa manifestação do seu poder pessoal, isto é, tentar provar a si mesmo que se é capaz de conquistar outro ou outros, custe o que custar, doa a quem doer. Pleno jogo do ego consigo mesmo. Ora aí está. É que no amor, ou melhor, agarrados ao amor, aparecem muitos elementos que não são amor. Um lastro de lixo. Como num cometa. Ao amor agarra-se a ilusão, o poder, a vaidade, o exibicionismo, a instabilidade, o masoquismo. E as combinações destes ingredientes podem ser desastrosas. Para o amor.

Não é fácil o amor. Porque às vezes quem quer amar é frio, está apagado dentro de si. E espera ser amado sem conseguir amar. Espera que seja o outro ou os outros a acender-lhe de novo o coração.

Não vamos terminar esta reflexão de uma forma pessimista. Há muita gente que sabe amar, que não tem medo de amar, que ousa, que sempre teve ou desenvolveu a capacidade de ser feliz e de criar harmonia e otimismo ao seu redor. Que sabe ser honesto consigo e com quem ama, pelo menos na grande maioria das situações. Que dá e recebe. Que ganha e faz ganhar o outro. Que se ama a si mesmo no seu centro. Que atirou fora a vaidade pessoal e a superficialidade dos sentimentos.

Procuramos o amor, apesar de difícil, porque ele nos guia no caminho da vida e no caminho da nossa identidade – nesse caminho que nos vai dizendo quem somos, para onde podemos ir e como podemos viver. Não é fácil, mas é fundamental.

Formas de amar,
as cores do amor

No amor não é só importante amar e ser amado. Amar muito ou amar pouco. É importante também a forma como amamos e a forma como queremos ser amados. Estamos neste caso no reino do *como*.

Uns amam de forma dispersa, sujeitos a estímulos novos, esvoaçando como borboletas, outros só encontram sentido no amor único e exclusivo. Há aqueles para quem o aspeto físico é muito importante e os outros para quem o não é assim tanto. Para uns, as conveniências contam e para outros são secundárias. Há os que precisam de falar muito e os que precisam de ser muito abraçados. Há os que são mais amigos que amantes. Os que perdoam uma infidelidade e os que não perdoam. Há os que querem um compromisso e os que não querem.

E o mais interessante é que a mesma pessoa pode amar de maneira diferente consoante o momento da sua vida e o parceiro, embora a sua personalidade tenda para um estilo de amor. Não há uma, mas várias formas de amar quando nos comparamos com os outros. E não há uma mas várias formas de amar também para cada um de nós, em momentos diferentes ou com parceiros diferentes.

É o desencontro nas formas de amar que a canção *O quereres* de Caetano Veloso ilustra de modo um tanto brincalhão: *onde queres família, sou maluco/ e onde queres romântico burguês/ onde queres Leblon, sou Pernambuco/ e onde queres eunuco, garanhão/ onde queres o sim e o não, talvez / e onde vês, eu não vislumbro razão / onde queres o lobo, eu sou o irmão / e onde queres cowboy, eu sou chinês.*

Há algum tempo que se estudam os comportamentos de enamoramento. A Psicologia tem contribuído, de múltiplas formas, para aumentar o conhecimento do amor e ajudar à sua compreensão: formas, funções, desafios e ameaças. Será que as pessoas quando se conhecem perguntam como gostam de ser amadas e revelam o que mais valorizam? Desconfiamos que esta questão não é levada, geralmente, muito a sério... é comum ser impulsivo no amor: usar mais a mente emocional do que a mente racional.

Um dos estudos sobre formas de amar mais conhecido e produtivo é o de John Allan Lee, realizado nos anos 70 do século passado e que tomou a forma de livro em *The Colors of Love*[2]. A teoria deste sociólogo canadiano, que foi também enquadrada no ramo da psicologia social, teve ampla divulgação na internet, e vários testes foram construídos a partir dela. Inclusivamente foi realizada uma pesquisa, a partir desta teoria,

---

[2] LEE, John Allan. 1976. *The Colors of Love*. New York: Bantam Book.

com estudantes universitários portugueses, por Félix Neto, em 2007.

Allan Lee postula três formas de amar básicas recorrendo a conceitos de amor da língua grega: *eros* (valorização da beleza e da perfeição); *ludus* (valorização do jogo, da conquista, da pluralidade); e *storge* (valorização da afeição, do companheirismo e das afinidades), que associa respetivamente a vermelho, azul e amarelo. Todas estas formas são formas de amar. Isto nem sempre é compreendido assim. Alguns pensam que a sua forma de amar é a única ou a verdadeira ou a correta.

Allan Lee constrói uma paleta de combinações cromáticas, e amorosas, claro. Estas formas de amar desdobram-se em seis, acrescentando *mania* (amor obsessivo, dependente, sofredor, combinação de *eros* e *ludus*); *agape* (amor desinteressado, incondicional, compassivo, combinação de *eros* e *storge*); *pragma* (amor conveniente, de aliança vantajosa, prático, combinação de *storge* e *ludus*). Estas seis formas de amar ainda se desdobram em doze.

Para concretizar um pouco mais a ideia, a que juntamos um convite para uma leitura mais aprofundada da obra de Lee, acrescentemos que os que amam sobretudo na forma *eros* são pessoas que, de súbito, ficam impressionados (encantados) pelo aspeto físico de um potencial parceiro, considerando essa aparência do outro correspondente ao seu ideal. Eles pretendem prazer físico, alegria e satisfação no relacionamento. Não são geralmente ciumentos nem possessivos.

Na segunda forma, *ludus*, o amante quer brincar, fazer o seu jogo de sedução e conquistar. É menos exigente com o aspeto físico do parceiro do que o amante de *eros* pois os seus interesses de parceria são múltiplos e bastante diversificados. Não se preocupa em ser fiel nem exige fidelidade.

Quanto aos amantes no tom dominante *storge*, estes geralmente já conhecem o parceiro com quem se querem relacionar amorosamente. Não se trata de um amor à primeira vista, trata-se de um amor por um companheiro, com quem sentem afinidades. O seu propósito é construir uma vida em conjunto. Os amantes que se exprimem nesta forma exibem pouca paixão e fazem poucas loucuras por amor.

Muitos equívocos e desastres resultam da incompreensão e da não aceitação da forma de amar do outro. É difícil para quem não ama na forma *ludus*, aceitá-la. Muitas vezes porque o amante *ludus* não sabe ou não quer expor honestamente a sua forma de amar, logo à partida. Também para quem tem uma forma obsessiva de amar, típica de *mania*, um amante *storge* pode ser visto como alguém simplesmente incapaz de amar, ou pior, que está interessado noutra pessoa ou, pelo menos, não está suficientemente interessado em si. E o que talvez seja de reter é que, para além da possibilidade dos equívocos esclarecidos e da aceitação da diferença, temos também de aceitar que nem todas as formas de amar são compatíveis!

As propostas de Allan Lee fornecem uma heurística que tem sido a base de muitos estudos contemporâneos. As conclusões mais interessantes vão no sentido de que as diferentes formas de amar não se alteram muito em função da idade. Assim podemos amar de forma desinteressada, incondicional tanto aos 18 como aos 90 anos e, do mesmo modo, podemos viver um amor obsessivo e dependente aos 30 ou aos 70 anos.

O que parece ainda estar por fazer é o estudo de um mesmo conjunto de pessoas ao longo da um período significativo da sua vida. Desse modo poderíamos compreender como mudamos ou mantemos as nossas formas de amar em função de diferentes companheiros e circunstâncias.

O amor no masculino e no feminino

O género é um conceito em revolução. Difícil de definir. Mas parece-nos que, no que ao amor diz respeito, muitas diferenças entre homens e mulheres continuam a fazer sentido na nossa sociedade. Somos diferentes e há que integrar essa diferença se queremos conviver bem. Vamos, então, considerar alguns estudos comparativos dos cérebros de homens e de mulheres e algumas diferenças de comportamento interessantes que têm sido apontadas, sendo que temos consciência de que é inconveniente a rigidez de análise e de que as diferenças se matizam nos indivíduos.

Esses estudos tendem a mostrar que os cérebros masculino e feminino não funcionam exatamente da mesma maneira e que também o modo de amar é geralmente diferente nos homens e nas mulheres. E que diferenças são essas? As diferenças apontadas sugerem que, em geral, homens e mulheres encaram o amor e a sexualidade de modos diferentes, não exprimem empatia da mesma forma, não têm os mesmos referentes de fidelidade, não têm frequentemente o mesmo *timing* para se apaixonarem.

Todos já vimos vídeos, textos, livros em que se expõem as diferenças: os homens valorizam geralmente mais o sexo, desperta-lhes a atenção o que é muito concretamente curvo no corpo das mulheres, as ancas, o peito, as nádegas, estímulos que captam sobretudo pela visão; as mulheres valorizam mais o amor, o modo como são admiradas, as atenções de que são alvo, as palavras que lhes são ditas, o modo de agir dos homens e também, pelo menos em algumas comunidades mais tradicionais, os seus recursos materiais. Logo aqui se geram alguns desencontros.

É comum não separar as dificuldades que se têm com um indivíduo, das dificuldades que se têm com aquilo que caracteriza a maioria dos indivíduos do sexo oposto (já viram bem esta palavra – «oposto», sexo «oposto»?). O que queremos dizer é que, por vezes, uma mulher não se estará a desentender com um homem, mas com as características masculinas que ele tem, o que não deixa de ser irónico.

Depois, a preocupação de um com o outro é expressa de modo diferente. As mulheres querem ser ouvidas quando têm problemas, os homens não têm um prazer especial em ouvir contar problemas, mas esforçam-se por contribuir, apesar disso, com soluções. Bom, não era bem isso que elas queriam, elas queriam apenas ser ouvidas. Por seu turno, as mulheres querem ouvir os problemas dos homens, mas os homens não lhos querem contar ou ficam simplesmente à espera de uma solução. As mulheres sentem-se excluídas. Coisa que, naturalmente, os homens nem percebem. E assim se juntam uns pozinhos de equívoco numa relação.

Ah, essa é outra questão: há muita coisa que os homens têm dificuldade em perceber nas mulheres… vamos usar uma analogia: os homens a compreender as mulheres são como os espanhóis a compreender o português. O sistema vocálico que eles têm não lhes chega para captar subtilezas. Portanto as mulheres têm de ser claras, mas mesmo muito claras, quando querem alguma coisa dos homens. Vamos experimentar. Têm de dizer, soletrando: quê-rê-mos a-tên-ção, a-go-ra. Assim, talvez consigam.

Para além de serem claras, as mulheres não devem encadear eventos nem relacioná-los quando discutem com um parceiro. A coisa piora invariavelmente. Se estão a discutir porque um deles deixou o armário aberto e o cão comeu as batatas fritas e o presunto que estavam lá dentro, isso nada tem a ver com o facto de um deles se ter esquecido do comprovativo do seguro do carro em casa e ter sido multado. Que estas duas coisas se relacionem, porque são manifestações ambas de irresponsabilidade e distração danosa, é algo que só algumas cabeças femininas poderão alguma vez conceber. Os homens têm a cabeça arrumada de forma diferente. Eles são excelentes quando se trata de manter o foco numa tarefa, de apresentar uma solução lógica ou de decidir rapidamente. Até porque distinguem facilmente o essencial do acessório.

Quando se trata de começar uma relação, os homens são muito mais impulsivos, românticos e adeptos do amor à primeira vista, ao que parece. Quando se trata de terminar uma relação, as mulheres heterossexuais apresentam como principal causa de separação a infidelidade dos homens. No livro do psicólogo Nuno Amado, *Diz-me a verdade sobre o Amor*, é citado um estudo de 2003, realizado nos Estados Unidos, indicando que a principal causa da separação para as mulheres é a infidelidade dos seus pares, enquanto o principal motivo apresentado pelos homens para a rutura é o de se «terem afastado» um do outro[3].

Procurámos apresentar, nesta reflexão, algumas tendências por género. Mas claro que estas tendências têm de ser ligadas a outros aspetos, como a personalidade do indivíduo, o modelo parental, as experiências sociais e culturais, e integradas em cada homem e em cada mulher. Neste processo de conhecimento e integração acontece a matização das relações e dos indivíduos. É natural que muitas mulheres não tenham todas as características que apontámos para o seu género e o mesmo acontece com os homens.

---

[3] AMADO, Nuno. 2010. *Diz-me a verdade sobre o Amor.* Lisboa: Academia do Livro, 3ª ed. p. 181.

O amor e as suas orientações

Apesar de não ser fácil, a questão da orientação sexual parece, no entanto, mais linear do que a da identidade de género. Uma clarificação prévia é a de que nem todos os homens que escolhem um parceiro do mesmo sexo se identificam com o género feminino, assim como nem todas as mulheres que têm mulheres como parceiras se identificam com o género masculino. A orientação sexual é uma vertente distinta, autónoma, da questão da identidade de género, embora se relacione com ela.

Na literatura, encontramos algumas declarações de amor destinadas a pessoas do mesmo sexo, a começar, na Grécia, por Safo. Infelizmente quase a totalidade da sua obra foi destruída na Idade Média por ser considerada imoral. A autora, que foi esposa e mãe, dirigia uma comunidade de raparigas onde se cultivava a poesia, o canto e a dança, na ilha de Lesbos, no século VII antes de Cristo, portanto ainda na época arcaica, bastante antes dos diálogos socráticos. Esta congregação destinava-se a uma plena integração da mulher no casamento e na sociedade.

Citamos um dos fragmentos da poesia de Safo, uma confissão que não deixa margens de dúvida sobre o desejo físico em relação a outra mulher e a intensidade passional por ele gerada: «Igual aos deuses me parece, / aquele que face a face / sentado junto de ti/ escuta a tua voz tão suave, // e esse riso encantador que, juro, / enlouquece no meu peito o coração. / Mal te vejo um instante que seja, / nem já sequer um som me passa os lábios, //mas a minha língua se resseca, / um fogo subtil de súbito me corre sob a pele; / os meus olhos deixam de ver, / os meus ouvidos zumbem; // cobre-se-me o corpo de suor,/ um estremecimento me percorre toda./ Torno-me mais verde que a erva/ e parece-me que vou morrer...»[4]

São também comuns na Grécia e Roma antigas os poemas em que um sujeito masculino exprime conjuntamente a sua paixão por homens e mulheres[5], havendo até alguns em que, comparando, indica a sua preferência por uma ou outra orientação. Mostra-se de seguida, como exemplo, um epigrama de autor anónimo, presente na antologia palatina[6]: «eu já não amo. Lutei com três desejos: abrasei-me/ por uma devassa, por uma virgem e por um jovem. / Sofri com todos eles. Cansei-me a convencer a devassa / a que me abrisse a porta, hostil para quem não tem vintém. / À entrada da casa da rapariga permaneço sempre acordado / e não dou à jovem o que ardentemente desejo: um beijo. / Oh!, Como hei de falar do terceiro fogo? Dele / só conheço olhares e vazias esperanças.»

---

[4] BONNARD, André. 1984. *A Civilização Grega*. Traduzido por José Saramago. Lisboa: Edições 70. pp. 85-86.

[5] É o caso do poema de Horácio (poeta latino do século I a.C.) *De novo moves, Vénus guerras*.

[6] MARTINS, Albano. 2001. *Do mundo grego outro sol, Antologia Palatina e Antologia de Planudes*. Porto: Asa. p. 99.

Ao longo da história da literatura ocidental houve longas épocas de adversidade para a liberdade do amor. Muitos poetas ou prosadores que desejaram expressar o amor homoerótico usaram a ambivalência, a polissemia, a máscara, para descrever o sentimento amoroso. A arte propicia metáforas, símbolos, deslocamento de sentidos. E assim, porque a sociedade era adversa e porque muitos artistas se arriscavam à condenação pela lei, como no tempo do Estado Novo português, não abunda a literatura em que se exprime o amor por uma pessoa do mesmo sexo[7].

Esta escassez de referências é, aliás, um dos vários problemas com que as pessoas que amam uma pessoa do seu sexo têm de lidar, ou seja, os diversos e plurais modelos de relação amorosa disponíveis na nossa cultura provêm quase sempre de relacionamentos entre pessoas de sexos diferentes.

Um dos maiores poetas da literatura portuguesa de todos os tempos, Eugénio de Andrade, escreveu alguns belos poemas com sugestões homoeróticas que podemos hoje conhecer graças ao facto de vivermos numa sociedade mais aberta do que aquela em que o mesmo poeta passou a maior parte da sua vida. Eis um desses poemas: Regressar ao corpo, entrar nele / sem receio da insurreição da carne. Nenhuma boca é fria, / mesmo quando atravessou // o inverno. Uma boca é imortal / sobre outra boca: diamante / aceso, estrela aberta / quando a luz irrompe, invade // ombros, peitos, coxas, nádegas, falos./ Despertos, puros no seu pulsar, /aí os tens: esplendorosos, / duros.[8]

---

[7] A homossexualidade só foi despenalizada em Portugal no ano de 1982.
[8] ANDRADE, Eugénio. 2017. *Poesia*. Porto: Assírio & Alvim. p. 390.

Mas a discriminação negativa relativamente a pessoas que se interessam por outras do mesmo sexo continua a ser forte[9], ainda que muitas vezes não explícita, na nossa sociedade. Antecipando-se alvo de discriminação, em casos mais marcantes dentro da própria família e do círculo chegado de amizades, muitas pessoas que se sabem diferentes na sua orientação amorosa vivem em grande dilema e angústia. Assumir-se não heterossexual ou, como se diz no meio, «sair do armário» é uma decisão que implica um conjunto de consequências que englobam frequentemente alguns conflitos duros e rejeições.

Para isso contribui, diríamos, além da resistência habitual à mudança de mentalidade, o desconhecimento geral sobre estes relacionamentos. Muitas pessoas, pouco conhecedoras das várias vertentes desta realidade, interiorizaram modelos estereotipados considerando, por exemplo, todos os homens que gostam de homens como seres efeminados. Curiosamente, nos últimos anos, assistiu-se, pelo contrário, a uma tendência para muitos destes homens cultivarem um corpo musculado e viril. Outro caso é o da mulher «masculina». Há mulheres orientadas para o amor de outras mulheres que não usam saias nem vestidos, preferem calças, blusões e sapatos desportivos e outras que se maquilham e usam vestidos diáfanos. E tão pouco se pode arrumar esta diferença simplesmente considerando que alguém é o «homem» ou a «mulher» de um casal. Assim como o rótulo ativo-passivo, no caso dos homens, que constituía na Roma antiga e até há bem pouco tempo uma

---

[9] No seu livro de 2012, *Amor que se faz homem*, Henrique Pereira refere um estudo realizado no âmbito de um módulo de Mestrado do Instituto Superior de Psicologia Aplicada de Lisboa, em que 72% dos inquiridos afirmava ter sido vítima de discriminação.

forma de arrumação e de hierarquização, perdeu muito da sua simbologia e do seu peso nos tempos atuais[10].

Olhemos pois alguma diversidade dentro do homoerotismo. Há pessoas que chegam a meio da vida sem nunca se terem interessado por ninguém do sexo oposto, tendo-se sempre sentido atraídas por pessoas do mesmo sexo. Há pessoas que descobrem o interesse por alguém do mesmo sexo, depois de se terem relacionado repetida e prazerosamente com outras do sexo oposto.

Há pessoas que tiveram relações heterossexuais, mas só se sentiram verdadeiramente satisfeitas e realizadas quando se relacionaram com uma pessoa do mesmo sexo. Há pessoas que mantêm quase sempre relacionamentos com pessoas do sexo oposto, e apreciam-nos, mas isso não as impede de terem esporadicamente relacionamentos com pessoas do mesmo sexo.

Na verdade quando falamos de relações amorosas entre pessoas, seja de sexos diferentes ou não, estamos a falar de orientações, mas também de sentimentos e desejos, de identidade e de atração. Nestas dimensões há mais parecenças que contrastes. A vivência pessoal de cada "escolha" é descrita de modo muito semelhante. O amor entre dois homens ou entre duas mulheres tem mais semelhanças com o amor entre um homem e uma mulher, do que diferenças: necessidade de

---

[10] Outro preconceito geralmente associado às relações homoeróticas é a prática de sexo anal. A este propósito, propomos a seguinte passagem no livro *Sexo sem Tabus* da psicóloga Marta Crawford: «É importante desmistificar a ligação que existe entre o sexo anal e a homossexualidade. Ao contrário daquilo que se pensa, o sexo anal não é a atividade sexual mais comum nas relações homossexuais, mas sim o sexo oral.»

amar e de ser amado; desejo de partilhar a vida em amor; dedicação a outro ser humano como se fizesse parte de si; vontade de desistir quando as dificuldades ou os desencontros persistem; medo de não ser suficientemente bom para o outro; medo de ficar sozinho. Tal como os casais heteroeróticos, os casais homoeróticos estáveis perspetivam os seus relacionamentos para muitos anos e passam por mudanças e crises nos relacionamentos, crises que vão ultrapassando. E assim muitos deles se mantêm por décadas ou por toda a vida.

O amor e as suas escolhas

Neste tema tão complexo, com tantas vertentes, teremos de delimitar o âmbito da nossa reflexão. Considerando a diferença entre relacionamentos que se querem duradouros e encontros que previsivelmente serão breves, vamos centrar-nos apenas nos primeiros. Por outro lado, ao analisarmos o que pode guiar a escolha de par, não nos serviremos de estudos que apresentam as características idealizadas de parceiro, mas de estudos baseados em parcerias efetivas.

Alguns seres humanos acreditam que as pessoas mais importantes da sua vida lhes estão predestinadas. Acontecem-lhes por desígnios que não dominam, desempenhando um papel fulcral no seu crescimento como pessoas. Se não nos dermos por satisfeitos com esta hipótese, poderemos procurar explicações mais ajustadas a critérios lógico-científicos.

Embora alguns estudos nesta área remetam para resultados contraditórios, podemos adiantar alguns aspetos que, tendo em conta a nossa investigação, nos parecem mais seguros. Comecemos pelo que distingue as relações duradouras das outras:

perspetivando uma relação duradoura, homens e mulheres são mais exigentes nas características requeridas (fidelidade, carinho, inteligência, por exemplo) do que no caso em que o encontro é visto como efémero, o que nos parece bastante compreensível. As ligações que se afiguram como mais breves ou sem futuro assentam sobretudo em características físicas atrativas.

Inspirando-nos, entre outras fontes, num estudo brasileiro de 2012 de Felipe N. Castro e dos seus colegas[11], realizado com jovens universitários, podemos dizer, que, apesar disso, mesmo nas relações duradouras, os homens continuam a valorizar mais do que as mulheres os atributos físicos do par. No texto sobre o amor no feminino e no masculino já tínhamos referido esta questão, mas não revelámos especificamente quais são esses atributos físicos. São eles: juventude, traços regulares, simetria, pele lisa, cabelo brilhante, proporção anca-cintura. Estes atributos são os que são considerados na teoria do investimento parental, pela qual os homens escolheriam as mulheres através de traços que sugerissem fertilidade. As mulheres não só valorizam menos os atributos físicos do par, o que tem sido uma constatação recorrente ao longo do tempo, como parecem estar a libertar-se, pelo menos, nas gerações mais novas, da escolha realizada em função do poder económico do parceiro que, tradicionalmente, e na teoria citada, estava associada à possibilidade de obter proteção para si e para os seus filhos.

Quanto ao poder económico feminino e às competências a ele associadas, competência profissional, por exemplo, os homens continuam a não valorizar, em geral, essas conquistas

---

[11] Sobre este estudo consultámos o artigo: CASTRO, F. N., HATTORi, W. T. e LOPES, F. (2012). «Relationship maintenance or preference satisfaction? Male and female strategies in romantic partner choice». Journal of Social, Evolucionary, and Cultural Psychology.

femininas na hora de escolher uma parceira. Será provavelmente uma questão de tempo.

Aquela popular ideia de que os opostos se atraem parece ter de ser bastante relativizada. A lei da atração pelo que é semelhante governa mais do que a lei da atração pelo oposto. É o que conclui um estudo da universidade de Cornell[12] sobre relacionamentos heterossexuais: na sociedade ocidental as preferências por um parceiro de longa duração refletem sobretudo a lei da atração pelos que são similares num conjunto de características. Estas características foram reunidas, na citada investigação, em quatro grupos: saúde e estatuto social; compromisso familiar; aparência física e fidelidade sexual. O mesmo estudo refere que os casamentos entre semelhantes são mais comuns e com mais sucesso do que entre pessoas muito díspares.

A ideia de escolha de um parceiro semelhante relaciona-se naturalmente com outras questões: um delas é a da autoimagem, a ideia que cada um faz de si mesmo. As pessoas são influenciadas pela ideia que têm de si mesmas, procurando um par que não seja muito diferente do que acham que são; outra é a do lugar que cada um ocupa no «mercado» da escolha de parceria. Há contextos sociais onde uma pessoa tem menos por onde escolher porque há menos parceiros disponíveis com estatuto, interesses e idade semelhantes aos seus.

---

[12] BUSTON, P e EMLEN, S. 2003. Cognitive processes underlying human mate choice: The relationship between self –perception and mate preference in Western society. PNAS, julho de 2003.

Um outro aspeto é o da familiaridade do parceiro, das suas semelhanças com outras pessoas que já são conhecidas e em particular com os pais, mas esta questão merecer-nos-á um dia um tratamento autónomo.

E ainda outra vertente é a do equilíbrio entre o que se deseja e o que é conveniente. Embora aconteça frequentemente sentirmo-nos atraídos por pessoas muito diferentes de nós, há um equilíbrio a respeitar. Quando a diferença, que até pode ser estimulante de início, atinge características que consideramos essenciais ou se revela como conflituante com a nossa personalidade básica, o relacionamento não é propriamente pacífico.

Com a generalização da *internet*, nas duas últimas décadas, a oferta de parceiros e as formas de escolha mudaram. Concomitantemente, e talvez em relação com esse fenómeno, o número de divórcios em Portugal duplicou. Os últimos dados apontam para uma taxa de setenta divórcios por cem casamentos, a mais alta da Europa. A mobilidade das relações agilizou-se, muda-se agora muito mais. Esperemos que para melhor.

Parte II –

Problemáticas amorosas

O amor e o ódio, quando se juntam

Há uma centelha que fica no que resta do amor, que pode arder ainda como brasa e se reacender depois da separação ou da mágoa, mas será amor?

Júlio Machado Vaz, um dos psiquiatras e sexólogos que mais tem contribuído para a divulgação das questões amorosas e suas problemáticas no nosso país, afirma no seu livro *O amor é*, publicado em 2007, que é «muito cético quanto à possibilidade de declarar morto o amor na cabeça de quem passou a odiar o outro». E acrescenta ele «o mais das vezes, o fim do amor apenas é seguro quando deixamos de rezar para que a pessoa seja atropelada; ou não tememos encontrá-la com um braço que não é o nosso por cima dos ombros».

Percebemos muito bem o que nos está a dizer, está a mostrar que alguma coisa continua a ligar aquelas duas pessoas, mesmo que seja uma certa raiva ou o próprio medo de continuar ligado, é que mesmo o ódio é uma ligação, mas o que nos parece é que essa ligação não pode ser vista propriamente como amor, essa ligação não é amorosa ou é um amor muito misturado de venenos… Interrogamo-nos se devemos continuar a chamar amor ao que se sente quando se passa de um querer bem a um querer mal ou em que as duas coisas estão mescladas em partes iguais ou quase iguais, ou quando se oscila entre uma e outra…. Que sentimento é esse?

Catulo, poeta romano, escreveu: «Odeio e amo. Perguntarás como isso possa ser. / Não sei; mas sinto-o, e é um tormento.»

Bom, será verdade que a maior parte dos sentimentos a que chamamos amor não são realmente puros, isto é, não são só amor. Todos já constatámos isso. O amor não puro, não incondicional, é assim como um sorvete: tem vários sabores e, às vezes, uns indesejados bem amargos: amor-ódio; amor--rivalidade; amor-raiva; amor-frustração. Mesmo quando as pessoas ainda estão juntas. Quando se relacionam como casal. Quando ainda não tiveram vontade de reconhecer o ódio ou a frustração como determinantes. Mas se há uma separação, e pior, se essa separação não for amigável, e ainda pior, se se lhe juntar um sentimento de rejeição, ou um sentimento de traição, o sorvete torna-se *cocktail* explosivo.

Porque não é fácil sentir amor-ódio ou amor-traição ou atração-traição, ou amor-medo. São dualidades muito perturbantes. Então as pessoas preferem fugir, manter-se afastadas, temem reencontrar-se. Porque, dentro de si, corre essa mistura explosiva quando se pensa no outro. Mas isso não quer dizer, necessariamente, que é o amor que ainda está lá, o que está lá é uma mistura perturbante, e muito provavelmente com uma dose de amor menor do que antes.

Júlio Machado Vaz continua: «a pacificação está na indiferença, não no ódio, que continua a ser uma forma de dependência. Em raciocínio dicotómico, poderíamos dizer que nesses casos o oposto do amor não seria o ódio, mas uma espécie de *amnésia afetiva*». Sim, concordamos no que se refere à pacificação estar ligada à indiferença, se também, como já se disse, o ódio é uma forma de dependência.

A *indiferença* que sucede ao amor é uma forma de pacificação, um antídoto curativo que não implica, parece-nos, o oposto do amor e não necessariamente o seu total apagamento. É algo necessário para a tranquilidade dos que foram amantes. Pode ser o maior apagamento que for possível ou pode repor uma certa virgindade de olhar, conducente a uma outra forma de relacionamento gratificante. Porque o que se quer apagado, o que se precisa de apagar é, em primeiro lugar, a dependência e talvez a paixão. E, sem dúvida, o sentimento de rejeição. Não necessariamente o amor. E depois, sim, mesma essa raiva pode, se bem tratada, voltar a mudar-se em amor, um amor mais consciente.

Atrações fatais
e neurotransmissores

O filme *Atração fatal* de Adrian Lyne (1987) foi, não só um êxito, como impressionou decisivamente, no final da década de oitenta, muitos espetadores, sobretudo homens. Vemos nele o amor erótico levado ao extremo da dependência na personagem de Alex, desempenhada por Glenn Close, e o marido infiel que se quer desligar de uma aventura que, para ele, era para ser passageira e se transforma num pesadelo, ao ameaçá-lo e à família.

Deixando, por ora, de lado, a questão da infidelidade, o mais interessante na película é precisamente a personagem de Alex, o seu sofrimento, a escalada de loucura em que se lança. Alex ilustra o extremo patológico de um amor que, na nossa sociedade, ainda é visto como uma das formas de amar mais sedutoras: o amor apaixonado, louco, intenso, sensual, arrebatador. O que o azeda aqui e o torna profundamente negativo é que ele passa as marcas do razoável nas exigências que o sujeito faz ao outro.

Mas esse amor ou essa forma de amar também perde quem assim ama. Recorde-se Alex sozinha em grande desespero e angústia, ouvindo *Madame Butterfly*, enquanto o amante se diverte com a mulher e os amigos. Atrevemo-nos a dizer que muitos crimes passionais se originam assim e são violentos duplamente, são uma violência física para o próprio, violência que depois ele usa contra o outro ou contra os outros e, muitas vezes, por fim, contra si mesmo, de forma suicidária.

Provavelmente o que se passa é que o sujeito que assim ama, ao perder subitamente o seu amor, não se consegue repolarizar nos tempos mais próximos, voltar a si mesmo. Fica perdido na ligação ao outro, sem a qual lhe parece não ser já possível viver, ou fica perdido na necessidade de vingar um ultraje que só o é verdadeiramente para ele, ainda que o ache evidente aos olhos de todos.

Pessoas que amam demais, muito apaixonadas, profundamente envolvidas, que recebem da correspondência amorosa uma forte recompensa física e emocional, seja o caso de um estado passageiro ou um traço de personalidade que se repete e repete, precisam, provavelmente, de se amar mais a si mesmas, de se focar em vários objetivos próprios que as tornam felizes, e que poderão retomar, reforçar a qualquer momento; precisam de racionalizar, de parar a tempo a crença no amor total e único que é, senão sempre, quase sempre, algo fantasioso, e deixar ir quem tem de ir embora das suas vidas, momentaneamente ou para sempre, sem se sentir ultrajado.

Que esta solução passe por ingestão de substâncias que equilibrem as trocas químicas no cérebro ou se processe apenas através dos ajustes na sua conduta não será a questão mais importante. O mais importante é saber que nada de muito grave lhes acontecerá e que nada de muito grave acontecerá a quem está à sua volta.

Cada vez se desenvolvem e divulgam mais estudos que relacionam as nossas emoções e os nossos comportamentos com substâncias e regiões do cérebro, nomeadamente, no caso das substâncias, certos neurotransmissores.

Maria Borges, professora de filosofia da UFSC[13] publicou um estudo, em 2015, que intitulou *O amor no cérebro,* em que cita, entre outros, o livro de Jon Elster (2000), *Strong Feelings: Emotions, Addictions and Human Behavior.* Neste livro estabelece-se um paralelo entre emoções fortes e os sintomas físicos causados pela ingestão de drogas:

«O arrebatamento amoroso, provocado pela crença de que somos correspondidos, possui os mesmos sintomas causados pela ingestão de anfetamina: aumento de energia, falta de fome e sono, consciência aguçada. A desilusão amorosa induz aos mesmos sintomas da privação desta substância, principalmente o humor deprimido. Várias são as substâncias que estão implicadas no circuito das emoções. Primeiramente, temos as hormonas sexuais, tais como testosterona, estradiol e progesterona. Além disso, as emoções estão associadas a neurotransmissores, como dopamina e serotonina, às endorfinas, que têm um efeito opiáceo, e à feniletilamina, cujo efeito é próximo ao da anfetamina. A sensação de euforia descrita pelos amantes também é causada por esta última

---

[13] Universidade Federal de Santa Catarina.

substância. O bem-estar que sentimos na proximidade do amado pode estar relacionado com aumento de dopamina. A perda do objeto amoroso e consequente supressão desta substância pode causar a mesma dor e desconforto físico que sente um viciado em drogas em síndrome de abstinência.»

Esta química do sentimento amoroso e da sua perda não é extensível a todas as pessoas. Há pessoas que não sentem em toda a sua vida estas emoções fortes em relação a qualquer parceiro. Por outro lado, quer os homens, quer as mulheres são sensíveis aos efeitos fatais da química destes neurotransmissores, não é, de maneira nenhuma, um exclusivo feminino, muito pelo contrário, mas parece que o efeito no homem, se bem que frequente, é muito menos duradouro, podendo terminar em horas.

Passando o momento da paixão, na fase mais avançada e tranquila dos relacionamentos amorosos, a química muda naturalmente. A dopamina baixa e a serotonina, que havia baixado nos momentos de grande paixão, retoma os seus níveis habituais no cérebro, fazendo com que o indivíduo deixe de se focar apenas no seu amado. Outras substâncias, como a oxitocina, ajudam então à criação de vínculos e à estabilidade do sentimento.

E voltando a Adrian Lyne, o realizador não se cansou de experimentar nos seus filmes as situações extremas do relacionamento amoroso: filmou em 1993, *Proposta Indecente*, um filme sobre uma infidelidade aceite e combinada que se transforma num veneno para a relação; em 1997, Lolita, um filme baseado na obra de Nabokov, em que o objeto do amor incontrolado é uma adolescente; e em 2002, *Infiel*, talvez o menos interessante dos quatro, um caso de infidelidade feminina num casal aparentemente feliz que se transforma numa tragédia. Aqui está uma obra cinematográfica que acaba por representar uma pesquisa sobre o amor passional e a infidelidade nos seus limites.

Tipos e comportamentos que mais valia não

São cada vez mais os livros de autoajuda ou de grande divulgação que encontramos nas livrarias. É um género que prolifera. As pessoas querem ser mais saudáveis, mais felizes, relacionar-se de melhor maneira com os outros. Muitos desses livros incidem sobre relacionamentos amorosos. E, se alguns pouco adiantam na análise mais profunda do comportamento humano, outros têm utilidade e iluminam alguns recantos das nossas experiências, permitindo olhá-las de um nova perspetiva. Citamos, como exemplo destes últimos, o livro editado em 2019 por um psicólogo clínico e sexólogo que se tornou conhecido por ser um dos especialistas convidados para o programa da Sic, *Casados à Primeira Vista*, Fernando Mesquita. O livro chama-*se Deuses caídos*[14]. E o título faz sentido na medida em que, após o período da idealização passional, os nossos amados podem mesmo cair do pedestal em que foram colocados e transformar-se num problema.

---

[14] MESQUITA, Fernando. 2019. *Deuses Caídos.* Porto Salvo: Chá das Cinco.

Esta obra de Fernando Mesquita enumera catorze tipos de personalidade amorosa problemática. Esses tipos integram sempre os dois géneros, isto é, aplicam-se quer a homens quer a mulheres, e quatro deles estão também associados a distúrbios de personalidade que se encontram descritos no famoso DSM – manual de diagnóstico e estatística das perturbações mentais. E quais são esses tipos, afinal? Aqui vai a lista: desesperados por relações amorosas; dependentes emocionais; crentes platónicos, parceiros camaleónicos; parceiros «sabonete»; acomodados; «meninos da mamã»; «só amigos»; acumuladores de conquistas amorosas; fantasmas digitais; viciados em sexo; ciumentos patológicos; narcisistas e manipuladores.

Tomemos três exemplos para melhor dar uma ideia do que representam e como estão identificadas estas categorias. Escolhemos os desesperados por relações amorosas, os acomodados e os narcisistas. Os primeiros, os desesperados por relações amorosas, entre outros traços, são caracterizados pelos seguintes: sentem-se inferiores às outras pessoas por não terem uma relação amorosa; dedicam bastante tempo a fantasiar possíveis relacionamentos ou a refletir sobre a melhor forma de encontrar alguém; acreditam que, se iniciarem uma relação amorosa, a sua vida irá dar uma volta de 180 graus, e, finalmente, poderão ser felizes; normalmente, nas relações amorosas, são excessivamente carinhosos e cuidadores, não pelo amor que sentem, mas porque se acham responsáveis pela felicidade dos outros.

Passemos agora ao grupo dos acomodados. Segundo o autor, a natureza dos elementos deste grupo caracteriza-se por tender à preguiça relacional. Exigem bastante do parceiro, gostam que este lhes faça todas as vontades, mas cedem pouco, tendo um medo irracional de que abusem deles; tendem a planear tudo e a ser muito controladores; a sua racionalidade impede-os de se entregarem emocionalmente, podem ter problemas sexuais como a inibição ou a disfunção erétil (esta, claro está, no caso dos homens); parecem autoconfiantes mas são inseguros.

Ao acaso e sem esgotar de maneira nenhuma o conteúdo apresentado na obra citada, aqui ficam agora algumas das características da personalidade amorosa narcisista que é associada à perturbação de personalidade sua homónima: os narcisistas procuram o convívio com pessoas famosas, com poder, privilegiadas, podem reagir com inveja ou rancor perante o êxito de outros, esperam grande admiração e dedicação por parte dos parceiros, mas dão pouco em troca, têm dificuldade em aceitar críticas, veem sempre as suas necessidades como prioritárias; nas relações amorosas, manifestam ausência de empatia, proporcionam prazer aos companheiros por vaidade própria...

Embora quase a totalidade desta obra se dedique à identificação de parceiros problemáticos, há também um capítulo centrado nos parceiros saudáveis. E isso é conveniente porque, se não, acabamos por ficar focados apenas no que está errado. Mas não conseguimos deixar de notar que o capítulo dedicado aos parceiros saudáveis só tem quatro páginas.

Esta tipologia cruza-se, em alguns pontos, com aspetos de que já falámos: a excessiva idealização amorosa, as questões do *ego* a interferir nos relacionamentos, o desejo de liberdade ou de compromisso...

Tanta gente a quem dar atenção

Os irmãos e os primos. Os avós. Os amigos em geral, e mesmo os que vivem longe. Os animais que arranjámos: o cão, o gato, a tartaruga. O pai e a mãe antes de todos. Os amigos muito próximos, que estão sempre lá quando é preciso. Os nossos filhos, incondicionalmente e para sempre. O namorado ou o marido. Com ternura, com dedicação e com sensualidade. Os tios que fizeram feliz a nossa infância. O nosso vizinho sempre tão prestável. A nossa sogra, o nosso genro, a nossa nora, que vieram com os casamentos. Aqueles com quem trabalhamos e que nos apoiam todos os dias. Os que cresceram connosco e quase nunca vemos agora. Os nossos afilhados, os nossos padrinhos. Deus, que nos ajuda lá no alto e a quem recorremos com tanto fervor quando nos vemos numa aflição. O nosso cunhado que nos traz sempre um presente quando viaja. Tanta gente para amar. Que bom que é, que bom que é, e tão difícil, tão difícil ter tempo para todos!

O equilíbrio de vários amores numa sociedade como esta, com células familiares pequenas e muito tempo consagrado ao trabalho, quer dizer, a oportunidade para manifestar na prática, no tempo, na atenção, nos cuidados, o nosso amor a tanta gente que amamos pode não ser fácil. Mas é algo que faz parte do nosso quotidiano: se há coisa que nos faz sentir culpados é não ter disposição para ouvir os nossos filhos, ou para estar com os nossos pais, ou para acompanhar um amigo mais próximo. Para amar quem nos ama incondicionalmente ou quem precisa muito de nós.

O modo como distribuímos o nosso amor concreto pelas pessoas a quem estamos ligados tem o seu quê de social, ou seja, deriva de regras sociais que nos ensinaram, mas é também muito individualizado. Há os que não gostam de crianças por aí além e por isso não têm muita paciência para os sobrinhos pequenos, e aqueles que renascem de alegria com o sorriso de um miúdo de três anos; há os que adoram animais e os que acham uma anormalidade tê-los em casa e tratá-los desveladamente. Há os que nunca se deram com os vizinhos e os que foram criados em casa deles. Há aqueles para quem a família é o mais importante, o núcleo à volta do qual se organiza a sua sociabilidade, e há as pessoas que se habituaram a conviver mais com os amigos ou com os colegas de partido ou de clube do que com a sua família. Talvez por isso os nossos amores e a forma como os equilibramos nos pareça a nós normal e aos outros um pouco estranha.

«Num coração grande cabe muita gente» ouvimos nós dizer, mas o que é certo é que há prioridades. Podemos amar muita gente, mas não podemos dar uma atenção de qualidade a muita gente. Por isso as escolhas impõem-se. Às vezes, por comodismo ou porque isso nos incomoda, não pensamos nelas. Habituamo--nos a estar mais com os amigos que estão mais perto, ou a estar menos com os mais velhos, com a desculpa de termos de tratar dos mais novos. Ou então habituamo-nos a deixar que o trabalho nos tire a disposição de conviver com outros que não sejam os nossos colegas.

Um outro aspeto que aflui a esta questão é o de sabermos corresponder: também pensamos na necessidade de estar em relação com quem nos trata bem, com quem nos devolve um olhar, com quem toma a iniciativa de nos dar uma atenção especial, de nos constituir como prioridade em determinado momento. No amor, existe um processo de retroalimentação, de correspondência.

Para equilibrar a atenção que damos aos nossos amores é preciso ser emocionalmente sábio. Saber quais são as nossas prioridades. Há pessoas que têm essa sabedoria de nascença. Sabem juntar os elementos da família. Retribuir a atenção que recebem, com generosidade, e cuidar mais dos que mais precisam. Sabem dar a cada um a atenção de que necessita e amar nem demais nem de menos. Mas que ninguém se julgue capaz de abarcar todo o mundo e de agradar sempre a todos. As relações com os que amamos, até porque não são superficiais, não são fáceis: requerem tempo, disposição, continuidade. São exigentes, ou não fossem relações de amor.

E agora dois segredos de sucesso na concretização dos nossos afetos: se queremos receber o amor de alguém, em particular, devemos manifestar esse desejo de modo explícito, caso contrário podemos desenvolver a amargura de não sermos amados e a solidão de esperar e não receber. E um segundo segredo: muitas vezes dar primeiro atrai a atenção dos mais distraídos, facilita as nossas relações de amor!

Amores de mãe – nada será como antes

Há quem nunca queira ser.
Quem não pense nisso.
Quem sonhe sê-lo.

Será diferente o amor em cada uma delas? Talvez não possamos saber. O que nasce com o «nascimento da mãe» não é apenas determinado por isso. Talvez não seja determinado de todo. É um conjunto de acontecimentos e emoções vincadas, nem sempre fáceis de nomear.

Geralmente não são necessárias razões para amar um filho, essa é uma condição quase inata. No entanto, algumas mulheres que não escolheram ser mães não conseguem libertar-se da ambiguidade de sentimentos que as impede de amar incondicionalmente o seu filho. O sentido da vida ganha um novo caminho, corporaliza-se na relação com aquele novo ser. Nada poderá ser como antes.

Quando as mulheres são resgatadas para o amor materno muitos dos seus medos implícitos atrevem-se a espreitar... agora já não é só com elas, têm de ver se nada acontece àquele ser que pariram e que ganhou vida própria. "Que nada lhe aconteça" é uma expressão ingénua, que até carrega um potencial de não desenvolvimento. Ou "tudo fazer para que nada lhe falte". Este amor materno expressa-se por opostos. Mas também há o desejo de que "seja feliz", como se a felicidade fosse um conceito simples, unidimensional e universal. É verdade que e há mães mais conciliadoras ou mais flexíveis que esperam que os filhos sejam felizes à sua maneira. Mas surge a angústia: como será essa maneira?

Às vezes aparece aquele olhar triste num jovem que diz: eu sei o que quero, eu quero ir por aqui, é isto que me faz feliz, mas a minha família não me compreende, o discurso da minha mãe é: *«a vida exige sacrifício, é preciso assegurar a autonomia financeira, ter uma vida estável. Essas ideias que tens são sonhos bonitos, mas é preciso acordar para a vida.»* O filho fica triste porque percebe as preocupações da mãe, mas ainda assim acredita que se pode escolher outra vida. A mãe fica pensativa... quer a felicidade do filho, mas tem medo de não estar a ser uma boa mãe ao "deixá-lo" seguir sonhos incertos.

São desafios ao amor de mãe. Convém considerar que os conselhos e orientações, quando excessivos, podem condicionar muito as escolhas dos filhos e ser fonte de insegurança para ambas as partes. Muitas vezes o equilíbrio emocional da mãe passa por um *equilibrismo* muito delicado, apoiado no amor altruísta, e focado num olhar atento às caraterísticas e necessidades dos filhos.

A mãe de vários filhos corre o risco de não precisar de mais ninguém para ser feliz. É o risco de preencher as suas necessidades de amor com a dependência que os filhos pequenos têm dela. Mais tarde, vai ser importante deixá-los partir e deixá-los dividirem o seu amor com outras pessoas, e a mãe entretanto vai precisar de cuidar da sua vida pessoal e da sua feminilidade para não se perder e esvaziar no amor de mãe.

A mulher-mãe também tem lugares onde é apenas mulher. Nesses lugares o amor está numa relação egocêntrica ou numa relação mais paritária em que se espera dos outros uma reciprocidade explícita. Pode ser um espaço de descanso do ato de dar permanente que está presente na relação com os filhos.

Quando o filho é amado pelos seus pares, nasce uma nova mãe, a mãe que ama novas pessoas que os filhos escolheram amar. Ela pode resistir a esse amor por não gostar / não sentir segurança no amor que observa ou por não conseguir partilhar o seu ser amado. Novos exercícios de circo terão de se fazer para acomodar estes novos sentimentos. Ao *equilibrismo* junta-se agora o *contorcionismo* e muitas vezes até facilita as mães tornarem-se invisíveis!

O amor no nevoeiro –
cegueira, fantasia e internet

*O amor é o estado no qual os homens têm mais
probabilidades de ver as coisas tal como elas não são.*
Friedrich Nietzche

O amor é cego, diz o aforismo. Cego, mesmo cego, talvez
não seja, mas lá que tem tendência a umas certas brumas não
se pode negar. Vários tipos de brumas: brumas involuntárias,
brumas consentidas, brumas criadas.

Umas vezes, quando se olha alguém de quem gostamos ou
uma relação que prezamos, o nevoeiro está lá, não conseguimos enxergar bem quem é o outro. Outras vezes nós sabemos
que poderíamos afastar o nevoeiro, se quiséssemos, mas não
queremos. Porquê? Talvez porque tenhamos receio de que
seja um tanto dolorosa a realidade nua, ou porque achamos
que ainda não é tempo de ver mais claro, que ainda não estamos preparados. E, caso mais extremo, há mesmo ocasiões
em que somos nós que criamos a bruma para envolver o nosso
amor. Como se lhe puséssemos um véu. Para o tornar poético,
mítico, sofisticado ou misterioso. Deixando escondida alguma

coisa que (ainda) não queremos mostrar ou conhecer.

O que não tem grande graça nisto é a deceção subsequente. Bom seria descobrir, em cada amante velado, o próprio Eros, aquele que na história de Apuleio visitava Psique a coberto da noite e que, apesar de não querer ser visto por ela (o que permitiu às irmãs levarem-na a supor que se tratava de uma serpente monstruosa) se vem a descobrir ser afinal um deus, de cabeça doirada e pescoço de neve, uma perfeição.

É preciso dizer que há pessoas mais tendentes ao nevoeiro do que outras, isto é, tendentes a não conseguirem ou não quererem ver com clareza, e, geralmente, usam o lápis cor-de-rosa na pintura da nuvem. Elas andarão um tempo pelo mundo, vendo-o através da sua maravilhosa nuvem cor-de-rosa. Hão de amar envoltas na bruma. Um dia se fará luz e poderão aceitar ou não a realidade. Aceitar-se não-princesas, não-preferidas, não-loucamente amados, não-ideais, não-corajosos, não-únicos.

Em socorro da nossa necessidade de idealização e de sonho, aparece-nos entretanto a fantasia, uma prima da ilusão, uma prima mais razoável e espevitada. Consciente e ativa, não se deixa ficar à espera de príncipes encantados, e, em vez disso, cria-os. A fantasia, assumidamente fantasia, é um ingrediente maravilhoso na vida e no amor em particular. Fazer de conta, imaginar, surpreender, metamorfosear-se são formas de vivenciar o que não somos e gostaríamos de ser por um tempo, sem que isso acarrete à partida qualquer confusão ou engano. Investimos no teatro e no disfarce, na surpresa e na *lingerie*, no efémero carnaval.

Vivemos o tempo da internet, do virtual, que produz novas formas de engano e de fantasia. O mundo virtual do *facebook*, do *instagram* e do *tinder* trouxe-nos a possibilidade de contactar com muito mais gente. Já não nos podemos queixar do isolamento, da falta de oportunidades de conhecer pessoas novas, já não nos podemos queixar de não poder fazer uma procura mais direcionada para os nossos objetivos de relacionamento. Os serviços de encontros promovidos na internet são, nos dias de hoje, um negócio florescente e uma percentagem significativa de pessoas encontra um namorado ou namorada por este meio. Esta forma de encontro não torna, por si só, o relacionamento melhor ou pior.

Se as vantagens de possibilidades de contacto são efetivas, impõe-se, no entanto, estar alerta para a dose de engano e de nevoeiro que estes conhecimentos muitas vezes acarretam, pois o mundo virtual pode criar perfeições e ilusões que o contacto no mundo físico não alimenta.

Atrás de um monitor, há muitos esconderijos, que vão desde a invenção e troca de personalidades até ao embelezamento de uma relação que não é posta à prova nos desafios do quotidiano. Que se constrói de idealizações e também de *photoshop*. Conhecer pessoas pela *internet* é uma vantagem, mas depois é preciso o confronto com a realidade, a prova do que foi digitalizado, antes de nos envolvermos emocionalmente com as nossas companheiras ou companheiros de nuvem. O desaparecimento do interlocutor ou, como agora se diz, a passagem deste a *fantasma* digital é mais fácil neste meio de comunicação, onde o compromisso se evita facilmente. Também parece interessante verificar como podemos apaixonarmo-nos sem nunca sequer tocar a outra pessoa ou estar na sua presença, ou seja, é algo ainda mais misterioso do que um «amor à primeira vista».

Um outro aspeto interessante destes relacionamentos digitais é o modo como eles escapam ao controlo social e portanto se podem tornar mais desinibidos e ousados.

Num artigo do Monde Diplomatique, Marie Bergström[15] afirma: «as relações criadas por esta via tornam-se mais rapidamente sexuais do que as iniciadas noutros contextos, e muitas vezes são de curta duração. Com efeito, a discrição facilita o acesso à sexualidade, nomeadamente não conjugal. A partir do momento em que o controlo externo é menor e que as relações têm menos consequências, os parceiros envolvem-se mais facilmente. Isto é verdade em particular para as mulheres, cuja sexualidade continua a ser objeto de maior controlo social do que a dos homens.

E alargando agora o âmbito desta questão à vida em geral e a todos nós, parece que todos temos um aspeto da nossa vida em relação ao qual criamos nuvens rosadas ou vemos com uma miopia severa. Pode ser o amor, o trabalho, a possibilidade de ser rico, o desempenho sexual, a nossa beleza, os nossos filhos. Uma espécie de ângulo morto, um ponto cego na nossa lucidez que muitas vezes só conseguimos enxergar quando os outros nos dizem algo que nos desperta para ele. Ver claro sobre nós mesmos é trabalho para uma vida. Mas vale a pena investir na clareza, na descoberta, tantas vezes espantosa, do que realmente somos e do que os outros que conhecemos são.

---

[15] Investigadora no Instituto Nacional de Estudos Demográficos (Paris) e autora da obra *Les Nouvelles Lois de l'amour. Sexualité, couple et rencontres au temps du numérique*. O artigo referido encontra-se na edição portuguesa do *Monde Diplomatique* de abril de 2019.

Liberdade e compromisso

«Tive uma fazenda em África no sopé das montanhas Ngongo», este é o parágrafo inicial do romance de Karen Blixen, *África Minha*, o *incipit* da obra, como se costuma dizer. Quarenta e oito anos depois da sua publicação, em 1985, Sydney Pollack realizou em filme esta história autobiográfica de Karen Blixen e deu-lhe o mesmo nome. Mas alguns aspetos separam a obra de Blixen da obra de Pollack. A autora expande uma narrativa interessantíssima sobre o modo de vida das tribos da região, e dos animais, refere múltiplas personagens entre viajantes e criados, o que na película naturalmente é abreviado. Mas as referências ao marido são muito escassas e não há a referência a uma única cena amorosa nem com o marido nem com o amante. Por seu lado, o realizador constrói, decerto com a valiosa contribuição do argumentista Kurt Luedke, uma história autobiográfica em que as relações amorosas de Blixen são um elemento de primeiro plano. Assim, se o romance é autobiográfico, o filme ainda o é mais, pelo menos no que toca à história de amor entre a narradora e o seu amigo Denys Finch-Hatton.

Centremo-nos pois no filme. A personagem da baronesa Blixen, que ficou na nossa memória com o rosto de Meryl Streep, surge primeiro como uma jovem audaz e determinada, que toma a iniciativa, espicaçada em parte pelo desejo de vingança, de propor casamento (e uma vida em África para os dois, custeada pelos bens da sua família) àquele que mais tarde se revelará uma péssima escolha, o seu marido interesseiro, indiferente, ausente, infiel, e que, ainda por cima, lhe transmite sífilis. Um marido que não nega os seus defeitos e com quem ela mantém, apesar de tudo, um relacionamento cordial até ao fim da história. É com ele que inicia de facto a sua grande aventura em África. Mas, embora este relacionamento matrimonial constitua um subtom interessante na trama e, de certa forma, explique também a necessidade de ligação de Karen a Denys, é este segundo relacionamento que nos interessa agora em particular.

No seu primeiro encontro com o inglês Denys Finch-Hatton, mal Karen acabara de chegar a Nairobi de comboio, logo ele lhe faz notar a frequência com que ela usava o verbo «ter». E isso resulta num prenúncio da problemática amorosa deste casal. Com o avançar da história e as ausências e falhas do seu esposo, será no par de amigos Denys Finch-Hatton e Berkely Cole que a narradora encontrará a companhia e o prazer, e, no caso de Denys, também a paixão.

Por um lado, o amor de Karen e Denys prima pelo refinamento, pela boa comunicação (têm ambos uma cultura e um gosto da conversação semelhantes), pela admiração mútua, pela transparência, pela comunhão no deslumbramento da natureza selvagem e pela vivência partilhada de excitantes experiências. Por outro, há um eixo de desacordo que, em dado momento, os afasta, desacordo que não se resolverá até chegar a morte prematura de Denys, num desastre de avião.

Com efeito, Karen, que luta sozinha na sua fazenda para conseguir cultivar o seu café, vendê-lo, relacionar-se harmonicamente com os «seus» kikuyus, empregados e vizinhos, e protegê-los, que não pode contar verdadeiramente com Denys, chega a um ponto em que quer estabilidade, quer estar segura do amante, quer voltar a casar-se (depois de dar o divórcio ao seu marido), quer recuperar o seu estatuto de mulher casada. Denys não vê qualquer vantagem nisso. Para ele o amor de ambos não seria melhor se se casassem ou se ele permanecesse mais tempo na fazenda com ela. Para ele, o amor não tem de se andar a provar a cada cinco minutos, como diz pela voz de Robert Redford. Ele quer chegar e partir quando lhe apeteça. Andar sozinho, preparar os safaris que são o seu meio de vida, voar no seu avião sobre as planícies e planaltos da região. Continuar livre e selvagem. O amor que lhe tem não chega para se submeter à vontade dela, tentando fazê-la mais feliz.

Há dois diálogos cruciais onde se vê esta problemática: o primeiro termina com a separação de ambos; no segundo, e na iminência da partida de Karen para a Europa, depois da sua falência, há um ligeiro recuo nas posições (mas tarde demais) e compreende-se que cada um cedeu um tanto ao ter ficado só. Ao comentar o seu filme, Sydney Pollack afirma: «a fraqueza dele é o egoísmo, a fraqueza dela é a sua possessividade». E resume assim tão bem a questão. Afirma o realizador que, na discussão que leva à separação, os argumentos de ambos são válidos, o que nos parece um bom ponto de partida. Decerto a relação não ganhou nada com a possessividade de Karen (ninguém pode ter outra pessoa) mas também nada ganhou com o egoísmo de Denys, a sua dificuldade em comprometer-se.

Na obra *Diz-me a verdade sobre o amor* do psicólogo clínico Nuno Amado, já por nós citada, o autor escolhe a teoria triangular do amor de Robert Stenberg, psicólogo americano nascido em 1949, como teoria de referência. Nessa teoria encontramos três componentes do amor: paixão, intimidade e compromisso[16]. Como nos esclarece Nuno Amado, consoante a combinação destas três componentes, Stenberg elenca vários tipos de amor (paixoneta, amor romântico, amizade, amor companheiro, amor vazio, amor fátuo e amor total). O amor total é definido por conter paixão, intimidade e compromisso/decisão. E, segundo o autor, quanto mais paixão, intimidade e compromisso se sentir, maior a probabilidade de se estar satisfeito com a relação.

A definição de decisão/compromisso que se encontra na obra de Amado refere-se, a curto prazo, à decisão de que se ama o outro, e a longo prazo, ao compromisso de manter esse amor. Existe uma grande quantidade de racionalização nesta componente, como diz o autor, pois assume-se que a decisão de amar alguém é, até certo ponto, voluntária. Estão envolvidos elementos como a fidelidade e a lealdade. Para muitas pessoas o amor implica trabalho e esforço constante e é quase uma cobardia abdicar deste porque se sente um declínio da paixão ou mesmo uma perda de intimidade[17].

Como vimos na teoria de Alan Lee, nem toda a gente valoriza, na sua forma de amar, o conhecimento do outro ou o compromisso, mas não há dúvida que, em qualquer projeto sério da nossa vida, saber que podemos contar com alguém é uma vantagem.

---

[16] O psicólogo português, no sua própria teoria, desdobra depois a paixão em fascínio e desejo.
[17] AMADO, Nuno. 2010. *Diz-me a verdade sobre o Amor*. Lisboa: Academia do Livro, 3ª ed. pp. 166-167.

Parte III – Casos

A falta que o amor faz

Amélia nasceu e cresceu num subúrbio de Lisboa. Não se recorda de ter tido uma infância com muito amor. A mãe, de tanto querer sair do lugar dos pobres, só conseguia trabalhar; o pai não sabia o seu lugar e por isso foi ficando invisível. Toda a relação com os pais se consubstanciava no seu sucesso escolar e nos cuidados em não se relacionar com pessoas inconvenientes, as que faziam lembrar o lugar de onde deviam sair: o lugar do pobre.

Ela cumpriu bem a sua parte, sendo boa aluna e não exigindo mais do que lhe podiam dar. Quando a adolescência chegou ao fim, teve de escolher como prosseguir a sua carreira e escolheu um caminho improvável, mas que cumpria uma parte do que tinha sido prescrito: sair do subúrbio. Escolheu estudar a arte de comunicar e de filmar.

Nesta escolha a autonomia foi fundamental, embora difícil, e o desafio da mobilidade social esteve sempre presente no seu pensamento.

Hoje Amélia tem uma família, os seus filhos e o pai dos seus filhos. Teve alguma dificuldade no amor. Demorou a encontrar alguém que conseguisse amar a mulher que ficava para além da intelectual-artista, alguém em quem conseguisse confiar.

E ainda hoje lhe é difícil confiar. Os filhos mantêm o laço. O amor continua a ser difícil, especialmente o amor por si mesma, pois a dúvida persiste: sou suficientemente boa para amar e ser amada?

O modo encontrado «de dar a volta», e isto é dito pela própria, tem sido através de «pequenos círculos, pequenas obras, pequenas diferenças». A arte que tem o dom de libertar, mas também amordaça quando se entra no jogo da comparação entre o «eu» e os outros.

Por vezes há recuos, e o que foi dito nas primeiras linhas - não se recorda de ter tido uma infância com muito amor — pesa de novo. Esta é uma ausência de memória boa/ desejada que aperta o seu coração de adulta, mas este já tem finas camadas de vida própria: obra realizada, amor recebido. Vai ficando mais solta, mais confiante e preparada para a sua aventura de amar os outros sem deixar de se amar a si própria.

O que me trouxe aqui foi o amor

Se há circunstâncias que nos perturbam a vida são os desencontros no amor. Eduarda mantinha uma atitude muito cautelosa há quase 20 anos. Preservava o seu equilíbrio emocional e tinha-o alcançado com relativa facilidade, evitando o amor romântico.

A sua vida profissional estava em plena ascensão, beneficiava de um elevado reconhecimento junto dos seus pares, as relações familiares e de amizade eram muito reconfortantes e felizes.

Inesperadamente, encontrou alguém que manifestou, de forma efusiva, o amor que dizia sentir por ela, que expressou desejo, compreensão e paciência para as suas reservas.

Eduarda ficou curiosa e foi incentivada por todos a dar uma «hipótese ao amor». Libertou-se de algumas das suas defesas, que preservava com tanta naturalidade, e apaixonou-se como já não lhe acontecia desde os 20 anos.

A intensificação dos encontros e dos compromissos trouxe algumas discórdias e com elas houve um «golpe no amor»: a pessoa que a atraiu para uma relação de maior compromisso e lhe fez baixar as defesas, desapareceu...

Eduarda não percebeu, procurou perceber; insistiu em perceber. Culpou-se, suplicou perdão. Desintegrou-se a nível pessoal, afastou-se dos amigos, teve dificuldades no trabalho, teve de parar de trabalhar e quase deixou de viver. Todos os seus dias eram passados a procurar uma explicação e/ou uma solução para o seu caso amoroso. O seu único desejo era recuperar a confiança e o amor daquela pessoa.

Recebeu como resposta: afinal enganei-me, não estava preparado para voltar a amar...

Eduarda sofreu muitíssimo, mas acabou por compreender alguma coisa: não basta dar hipótese ao amor... É preciso não tropeçar no azar. Podemos ser cautelosos... sem evitar, contudo, bons encontros, mas, por outro lado, os bons encontros podem... não passar disso.

Amar outro e não outra

Houve muitos motivos para sentir medo de amar e para ter dúvidas sobre o que fazer com os desejos que sentia e os que lhe eram comunicados. Aprendeu que os desejos e o amor se organizam por género, e sobre isso, a sociedade e a História dizem o que é certo e errado... mas ele não se encaixou nestas perspetivas e ficou com medo de estar num beco sem saída.

O que aprendeu na família, na escola e na comunidade não estava a ser suficiente para encontrar o amor romântico simples e feliz. Ficou triste, ansioso, a vida pesava-lhe demasiado aos vinte e poucos anos. Deu várias voltas ao seu mundo interior; fez muitas tentativas de conhecer melhor os seus desejos e de compreender as suas sensações. Foram anos de dúvida e de descoberta.

Ajudou-o conhecer outras comunidades e outras famílias, muito diferentes da sua. Começou a compreender o que fazia sentido para o seu eu interior, tornando possível encontrar o amor romântico, nem sempre simples nem feliz, é certo. A vida passou a ser ao contrário do que tinha aprendido: o normal era ser diferente e cada pessoa passou a ser vista como única. As diferenças entre os seres humanos afinal eram tantas que o modo de amar era só uma entre muitas.

Essa mudança fez sentido e deu rumo à sua vida, afastando--o da sua comunidade original. Quando lá volta não se identifica; sente-se desconfortável e mal-amado. Isto é, não pode partilhar o seu ser em pleno. Uma dimensão intrínseca de si é ocultada, é silenciada para não perturbar a ordem das coisas.

Na nova família, com os novos amigos, pode ser autêntico e real, mesmo que nem sempre feliz, pois muitas vezes ainda se sente só.

Nem tudo se consegue com a vontade

Que força, que determinação!

Cresceu a saber que podia sempre fazer melhor, que não se vira costas a desafios, que quase tudo é possível. Cresceu também a saber que a vida pode ser muito curta, que se perde quem se ama quando ainda há tanto para amar.

Concentrou-se em fazer aquilo de que gosta, em criar uma boa rede de amigos, em ser completamente independente a nível financeiro e em aproveitar a vida no hoje! Viveu relações românticas de forma muito pouco romântica porque, segundo ela, o sonho não comanda a vida, a vida é que comanda o sonho.

Mas o amor tem razões que a própria razão desconhece e aconteceu-lhe apaixonar-se pela pessoa "errada". Chegou ao consultório desesperada e a pedir ajuda de emergência. De repente, a sua vida estava um caos, uma aflição, um desespero.

Uma pessoa, que conhecia há algum tempo, com quem tinha partilhado alguns trabalhos e a quem tinha ajudado pontualmente, aproximou-se, como outros homens já tinham feito. Esta aproximação foi permitindo um "namoro" intenso que se tornou um caso sério. A R. não estava interessada em desviar a atenção do seu trabalho e dos seus amigos, contudo as prioridades do dia a dia mudavam, porque o "namoro" era problemático. Havia sempre situações difíceis para resolver, impasses que não evoluíam, questões ocultas que não se revelavam.

Enfim, R. estava determinada a resolver todas as situações, a dar esperança a quem não tinha, a dar sentido ao que não se percebia, paz a quem procurava guerra pois ela estava habituada a conseguir com o seu esforço e empenho tudo aquilo a que se propunha. Mas o amor, o amor não depende só da vontade...

A sua história mostrou que é possível o louco sob o disfarce do galã. Loucura que, quando se revela, põe em perigo até uma mulher que acreditava que estava preparada para tudo, uma mulher que em tempos se tinha preparado até para morrer muito cedo.

Depois de muitos meses, alguns anos mesmo, R. aceita que a solução é desistir, fugir e substituir as esperanças por cautelas; aceitar os medos como guardiões de uma vida tranquila. Algumas pessoas têm muita dificuldade em desistir, mas, às vezes, isso é vital. Caminhando no sentido contrário ao do empenho e da determinação com que estão habituadas a resolver tudo.

Permanecem as dúvidas sobre o futuro e a esperança no presente, no dia a dia. Vai ser muito difícil acreditar que vale a pena sonhar, mas também passou a ser difícil não sonhar com um colo aconchegante que acalma a agitação do quotidiano frenético. Restam-lhe as viagens que permitem o contacto com realidades novas, códigos de conduta diferentes, desafios à altura da sua força e da sua determinação, com dia e hora marcados!

Parte IV –

Atitudes facilitadoras e desenganos

Gosto dos meus beijos

Num dia de primavera, enquanto passeávamos no Bairro Alto com um amigo que tem o dom de ser muitíssimo lógico, ele perguntou-nos: *mas não é verdade que nós escolhemos sempre o que acreditamos ser melhor para nós?*

Não, foi a nossa resposta, *se fosse assim, não teríamos atitudes masoquistas, ou de risco, dependências de outras pessoas, enfim, comportamentos que sabemos que nos prejudicam... não, nem sempre escolhemos aquilo que acreditamos ser melhor para nós.* Olhou-nos surpreendido: a resposta deve tê-lo atingido profundamente. Algo dentro dele concordara com as nossas palavras. E ao invés do que fazia sempre, não contra-argumentou.

Em certos momentos da nossa existência optamos mesmo pelo que sabemos que nos faz mal. E não é só quando um prazer imediato se sobrepõe a uma atitude vantajosa a longo prazo (aquele queijo ou aquele chocolate que nos vai engordar mais um pouco ou fazer subir o açúcar no nosso sangue, pondo em risco a nossa saúde, mas que nos sabe tão bem agora e nos tira a fome psicológica que sentimos); não é só também quando um mal parece ser menor que outro mal maior que se tem de evitar (algumas pessoas rasgam a pele para aliviar a violência do sofrimento psicológico, outros consomem uma droga que é menos má do que outra); é também, não raramente, um comportamento vindo de uma razão que parece ser ainda mais profunda em nós. Uma razão para nos agredirmos. A cristalização desse motivo para nos agredirmos impede-nos de ser felizes, anos e anos a fio. O que é isso que criamos dentro de nós e nos agride? Esse rancor-tristeza-culpa-desesperança ou lá o que é...

Mesmo connosco, temos relações difíceis. Lutas... por vários motivos. O nosso amor a nós próprios nem sempre é fácil.

No poema Guerra Civil[18] de Miguel Torga fala-se de uma dessas muitas lutas interiores:

É contra mim que luto./ Não tenho outro inimigo./ O que penso, /o que sinto,/ o que digo / e o que faço,/ é que pede castigo / e desespera a lança no meu braço. E, mais à frente, *o que sou/ é um insulto/ ao que não sou.*

Que razões podemos ter para nos fazermos mal ou para não gostarmos sempre de nós? Muitas, é verdade: a forma como fomos preteridos na infância pelos nossos pais, porque não éramos tão bonitos ou tão fáceis de educar como os nossos irmãos e nos faz considerarmo-nos inferiores; a má consciência de que não somos tão empenhados quanto poderíamos ser no nosso estudo ou no nosso trabalho; a nossa falta de inteligência comprovada no que não conseguimos, ao contrário de outros, fazer; a nossa pouca capacidade de atrair as pessoas de

---

[18] TORGA, Miguel. 1970. *Orfeu Rebelde.* Coimbra. 2ª ed.revista. pp. 58-59.

quem gostamos, que não nos ligam e anseiam pela presença de outros; os nossos defeitos físicos; os nossos defeitos morais, os nossos segundos lugares, os nossos fracassos, o que não somos e queríamos ser, «o insulto que somos ao que não somos».

Para as pessoas que não têm uma autoestima satisfatória à partida, ou que a perderam na sequência de um qualquer fracasso, ou que são excessivamente exigentes consigo próprias, é necessário o capital de uma certa maturidade e de um conjunto de experiências vividas para que, numa mudança de atitude, reconheçam o seu valor e a sua autonomia.

Sabemos que esta é uma conversa já muito batida. Aprender coisas novas, disciplinarmo-nos em alguns aspetos da gestão do nosso quotidiano, sentirmo-nos bem a viver sozinhos, termos verdadeiros amigos, valorizar apenas a opinião de alguns no que diz respeito à nossa vida, em vez de dar importância à opinião de todos (porque há pessoas que dependem demasiado da opinião de outros para se sentirem importantes e felizes), cuidar mais da nossa aparência poderão ser alguns gestos que fazem a diferença na nossa autoestima e na nossa autoimagem. Já foi dito e redito tudo isto.

Nos últimos anos ter autoestima tornou-se uma espécie de palavra mágica para entrar na gruta da felicidade. Lá teremos de começar por dizer, como é costume nestes casos, que a expressão não significa o mesmo para todas as pessoas e que há uma autoestima boa e uma autoestima má. Como o colesterol. O narcisismo ou a arrogância não são sinal de uma boa autoestima.

A imagem que temos de nós mesmos e a nossa autoestima devem resultar de uma avaliação realista e não é nada benéfico para os nossos amigos ou para os nossos filhos elogiá-los indiscriminadamente ou considerarmo-nos nós mesmos superiores aos outros. São cientistas como o americano Paul Martin[19] que o afirmam.

Mas é verdade que gostar de nós, aceitando-nos como realmente somos, com os nossos defeitos, com as nossas rugas, a nossa preguiça, a nossa teimosia e as qualidades que também temos, e que devemos ter consciência que temos, sejam os nossos cabelos sedosos, a nossa generosidade, a nossa diplomacia, seja o que for, é uma das condições para um bom relacionamento.

É que, num relacionamento a dois, há pelo menos três relações: eu-eu, eu-tu e tu-tu. Não nos podemos esquecer dessa tríade, cingindo-nos apenas às questões entre eu e tu. Todos já sabemos que a nossa harmonia connosco interfere decisivamente na nossa harmonia com o outro. Reparemos agora que a harmonia do outro consigo mesmo interfere decisivamente na relação que estabelece connosco.

Todos temos o nosso "eu normal", aquele a que nos habituámos e a que habituámos os outros. Mas esse "normal" tem mudanças. Para estarmos sintonizados com o outro, é importante identificar esses desvios à normalidade como sinais de que algo não está bem no outro ou em nós mesmos (por vezes é mais imediato perceber o desvio no outro). Antes de atribuirmos a responsabilidade do desvio à relação ou a nós próprios,

---

[19] MARTIN, Paul. 2012. *Pessoas Felizes.* Lisboa: Editorial Bizâncio. 2ª ed.

podemos perguntar: *hoje não estás nos teus dias pois não?* E em resposta, acontece-nos frequentemente receber uma clarificação e assim evitar equívocos e culpabilizações sem sentido.

A atenção ao que pode não estar bem no tu é tanto mais natural quanto melhor eu estiver comigo. Ter a certeza de que estaremos bem sozinhos, de que temos, portanto, uma certa autonomia, é fundamental para nos sentirmos seguros e livres. Uma relação com outra pessoa não exige estar em permanente competição com o prosseguimento de objetivos pessoais. Cuidemos de nós e não só da relação com o outro ...

E não é nada estranho que, gostando de nós, nos demos presentes. Não é nada estranho que beijemos a nossa pele carinhosamente ou nos digamos palavras de encorajamento e amor. Não é estranho que queiramos estar sozinhos para nos divertirmos a fazer coisas que gostamos de fazer sozinhos ou que aqueles que conhecemos não valorizam. Não é estranho também que nos vistamos cuidadosamente e ponhamos perfume para nos sentirmos agradáveis a nós próprios. É por isso que é bom dizer: *gosto dos meus beijos.*

O que tenho e o que desejo

Há pessoas que desejam tanto e tão fora de si que se esquecem muito de reconhecer a alegria do que tiveram e do que têm. E, no entanto, esse reconhecimento é tão ou mais importante do que estar motivado para novos empreendimentos.

Não podemos deixar de valorizar tanta coisa boa que nos aconteceu: a nossa educação, os nossos pais, os nossos irmãos, os nossos amigos, um relacionamento amoroso cheio de plenitude mesmo que breve, a alegria de um animal que nos acolhe quando chegamos a casa, o luxo sensual de um banho quente, o médico que nos curou quando estávamos doentes, porque isso é um gesto de justiça para com os outros, mas também de harmonia connosco. Estarmos gratos por tanta coisa boa que temos vivido, e por milagres como são a possibilidade de aceder a um livro escrito há mil anos, de viajar para um país longínquo em poucas horas, ou de contemplar a beleza exuberante de um jardim na primavera alarga a base em que se apoia a nossa felicidade e predispõe-nos para o amor à vida e para o amor aos outros. A gratidão que se cultiva em nós dá frutos nas nossas relações com os outros.

Não, nós não amamos apenas o que desejamos e não temos, que nos desculpe Sócrates[20], nós amamos também aquilo que temos, e aquilo que tivemos. E mesmo que o tenhamos perdido, ainda assim nos pertenceu por algum tempo. Este é mais um dos equilíbrios que nos define: o equilíbrio entre o que obtivemos e que podemos recordar com alegria e o que desejámos ter e não alcançámos, sentimento de insucesso que devemos acomodar o melhor e mais produtivamente possível na nossa mente. E a este se liga outro equilíbrio: o equilíbrio entre aquilo que tivemos antes e o que desejamos ter neste momento.

Não vale a pena andar a correr atrás de objetivos se depois não saborearmos com tempo e prazer o que conseguimos. Inscrita, perspetivada, valorizada, a experiência positiva é uma semente, um marco, um abrigo, um recurso que influi no caminho que vamos desenhando e construindo.

Cada vez mais se toma consciência de um ambiente interior, do nosso habitat mental e físico que está no nosso corpo e condiciona as nossas expetativas e a nossa forma de agir. Ser otimista ou pessimista não é indiferente, estar grato à vida ou zangado com ela não é indiferente, estar aberto ou fechado a novas aprendizagens não é indiferente. Para a nossa satisfação de todos os dias e para a forma como recebemos aqueles que nos acontecem, isto é, aqueles que se tornam um acontecimento no enredo dos nossos relacionamentos, ser otimista e grato conta.

---

[20] Alusão ao <u>Banquete</u> de Platão, onde Sócrates defende que amamos o que desejamos e que só podemos desejar o que não temos.

Não significa isto que algumas emoções ditas negativas (o medo ou a indignação, por exemplo) não tenham um papel utilitário em momentos específicos da nossa vida e dos nossos relacionamentos, mas não as queremos como pano de fundo da nossa mente porque a tendência para imaginarmos o pior ou para insistir na perspetiva negativista corta muitas vezes a vivência feliz do presente.

Epicuro, famoso filósofo grego de Samos, pode ser-nos útil na reflexão sobre esta questão, passados vinte e cinco séculos sobre a sua vida. Nos fragmentos da obra do filósofo do jardim, como foi chamado, encontramos este conselho: «não deves corromper o bem presente com o desejo daquilo que não tens: antes, deves considerar também que aquilo que agora possuis se encontrava no número dos teus desejos». E um outro: «cura as desgraças com a agradecida memória do bem perdido e com a convicção de que é impossível fazer que não exista aquilo que já aconteceu». Pois é, Epicuro, os bens que pudemos experimentar no passado podem ser guardados pela nossa memória. Como um tesouro. E também os fracassos e os desaires podem ser abrandados e revertidos pela forma como deles retirámos ensinamentos.

O amor infinito ou um amor maior

Na nossa sociedade ocidental, as expetativas em torno do casamento são em geral tão exigentes que são impossíveis de satisfazer. A psicoterapeura Esther Perel no seu livro *(in)fidelidade* refere «queremos ainda tudo o que a família tradicional deveria fornecer — segurança, filhos, bens e respeito — mas agora também queremos que o nosso companheiro nos ame e deseje, que esteja *interessado* em nós. Devemos ser os melhores amigos, bons confidentes e amantes fervorosos. A imaginação humana concebeu um novo olimpo: nele, o amor permanece incondicional, a intimidade, arrebatadora e o sexo, excitante, até ao fim, com a mesma pessoa.»[21]

O nosso desejo de amor incondicional. De transcendência. Talvez o devamos procurar noutro lugar. Amor-sabedoria, amor-transcendência, amor por todos os seres vivos, amor pelo planeta, harmonia universal. Há um lugar para o amor transcendente na nossa sociedade. Não precisamos de apertar os nossos sentimentos amorosos na relação de amor conjugal

---

[21] PEREL, Esther. 2019. *(In)Fidelidade.* Lisboa: Bertrand Editora. p. 59.

ou de paternidade. Há muito espaço, há muito mundo, para o nosso desejo de comunhão com o coletivo, de superação e de infinito.

No seu livro *Da Ciência ao Amor,* Luís Portela faz uma ponte entre a ciência e o amor incondicional, mostra-nos uma via espiritual e aborda assim uma dimensão do amor que até agora não focámos nestes nossos textos. Para muitos dos nossos leitores este será o amor maior. Vejamos o que nos diz Luís Portela:

«No contacto com a natureza, encontramos harmonia no reino mineral, no reino vegetal e entre os diversos animais. E, quando procuramos sintonizar com essa harmonia universal, sentimo-la atravessar tudo, permanecer para além de tudo e ser mais que tudo.

Parece que muitos seres humanos vivem distraídos, desfocados da realidade, preocupados com coisas secundárias ou até nefastas para si e para os outros; como que esquecendo os valores universais; como que mantendo atrofiada a sua capacidade de religação à harmonia universal.»[22]

Alguns necessitam de se superar, de ir mais longe, de se aventurar; senão a vida torna-se aborrecida, sem sentido, e as relações com os que estão próximos são questionadas como uma possível causa do marasmo, da apatia, da insatisfação. Por isso, cada um se deverá responsabilizar pela sua aventura de viver e por encontrar desafios que o tornem mais feliz, sem magoar os outros.

---

[22] PORTELA, Luís. 2018. *Da Ciência ao Amor.* 10ª ed. Lisboa: Gradiva. p. 128.

Há um conto do escritor russo Vladimir Nabokov que mostra maravilhosamente a transição do amor por uma mulher para o amor pela natureza, pelo todo. É o conto *Sons* que temos muito prazer em chamar para aqui. Eis duas passagens:

«Foi necessário fechar a janela: a chuva batia no parapeito e salpicava o soalho e os cadeirões. Com um som fresco, escorregadio, enormes espectros prateados corriam pelo jardim, pela folhagem, ao longo do saibro alaranjado. O algeroz gorgolejou e afogou-se. Tu tocavas Bach. (...). De vez em quando, no meio do frenesim da fuga, o teu anel tilintava nas teclas enquanto a chuvada de junho, incessante, magnífica, fustigava as vidraças. E tu, sem parares de tocar, a cabeça levemente inclinada, exclamavas, a tempo, no compasso:

— A chuva, a chuva... vou afogá-la...

Mas não podias.

Abandonando os álbuns pousados na mesa como caixões de veludo, observei-te e escutei a fuga, a chuva. Uma sensação de frescura inundou-me, como a fragância dos cravos molhados que escorria de toda a parte, das estantes, da tampa do piano, dos pingentes oblongos do candeeiro.

Tive uma sensação de enlevado equilíbrio quando dei pela relação musical entre os espectros prateados de chuva e os teus ombros dobrados que estremeciam quando premias os dedos contra o ondeado lustroso. E quando me recolhi para o fundo de mim, todo o mundo parecia ser desse modo: homogéneo, congruente, contido nas leis da harmonia. Eu próprio, tu, os cravos, nesse momento tudo se transformou em acordes verticais nas pautas. Percebi que tudo no mundo é um jogo cruzado de partículas idênticas que compreende diferentes tipos de consonância: as árvores, a água, tu... tudo unificado, equivalente, divino.

(...) Nesse dia em que a chuva caía e tu tocavas tão inesperadamente bem chegou a resolução dessa coisa nebulosa que de forma impercetível surgira entre nós passadas as nossas primeiras semanas de amor. Percebi que não tinhas poder sobre mim, que não eras apenas tu a minha amante, mas a terra inteira. Foi como se a minha alma houvesse entendido incontáveis tentáculos sensíveis e eu vivesse em tudo, apercebendo-me em simultâneo das cataratas do Niágara a rugir para lá do oceano e das compridas gotas douradas aflorando e percutindo o caminho.»

Na sequência desta revelação, o protagonista separa-se da amada, compreendendo que o amor está no mundo, não reside exclusivamente naquela mulher.

O que é admirável é que Nabokov escreveu este conto quando tinha apenas vinte e quatro anos. Há quem associe a personagem feminina a uma prima do próprio escritor. Estava já em Berlim, depois de terminar a sua licenciatura em letras na universidade de Cambridge.

Espreitando os amores felizes

O leitor atento poderá estranhar tantas problemáticas amorosas, e perguntar: «então, e onde estão os amores felizes?». Procurámos, na literatura portuguesa e estrangeira dos séculos XX e XXI, bons romances (impõe-se um certo desenvolvimento na história, por isso não considerámos as narrativas curtas) que tenham como intriga central ou de relevo uma história de amor feliz. E constatámos que não se encontram com facilidade. Porquê? Os bons romancistas não falam de amores felizes? As razões devem ser múltiplas: por um lado, os temas no romance moderno são muito variados, as relações sociais focadas abrangem um leque de grande diversidade; por outro lado, o que torna uma narrativa amorosa mais interessante talvez sejam os encontros e desencontros, visto que a erosão e o sofrimento parecem ganhar vantagem sobre a estabilidade e a felicidade, ao captar a atenção do leitor. O que muito daria para reflexão, que agora não vem ao caso. Mas é reconfortante, e, quem sabe, pedagógico, ainda assim, recordar algumas histórias felizes da literatura.

Toda a gente conhece os dois personagens que se seguem. Um amor que ficou célebre pela novela televisiva, e que está inteirinho no romance do seu criador, Jorge Amado. É o amor de Nacib, o sírio que é dono do bar Vesúvio, e Gabriela, a sertaneja que ele contrata para sua cozinheira. A história passa-se em 1925 na cidade de Ilhéus que florescia à época com o negócio de cacau. O dia da chegada de Gabriela, suja e esfarrapada, o dia em que Nacib a vai buscar ao acampamento dos retirantes é o mesmo dia em que Dona Sinhazinha é assassinada pelo marido, o coronel Jesuíno, por causa do seu amor adúltero com o dentista Osmundo.

O amor que Nacib e Gabriela vão viver apresenta um contraponto a esse relacionamento dos coronéis que matavam as suas mulheres para lavar a honra. Traz a frescura da liberdade a uma sociedade fechada e castigadora. Gabriela, que emana sensualidade, é humilde, sensível, agradecida e não quer magoar Nacib que a trata bem e que ela considera um moço bonito (entre outros, é certo), mas não se sente feliz com prisões, nem as suas (sapato, não) nem as dos pássaros.

Nacib é também um homem sensível, que se vai afeiçoando à cozinheira, e que começa a recear perdê-la, tão cobiçada por tantos se torna. É esse receio de perdê-la, o desejo de a ter consigo para sempre e de a tornar uma dama da sociedade que quase destrói o relacionamento de ambos. O casamento é um erro e depois a traição de Gabriela com Tonico Bastos também. Mas Nacib não era homem de matar, e a humildade de Gabriela acabará por reconquistá-lo. No final entre os dois há um amor respeitador da liberdade, uma solução que agrada a ambos. Eis as palavras do narrador ao dar por terminada a história de Nacib e Gabriela: «agora, sim, era completamente feliz. (...). Jogava sua partida de gamão, conversava com os amigos, contava histórias da Síria "na terra de meu pai é ainda pior!"... Fazia a sesta, a barriga farta, roncando tranquilo. Ia ao cabaré com Nhô-Galo, dormia com Mara, com outras também. Com Gabriela: todas as vezes que não tinha mulher e chegava em casa sem cansaço e sem sono. Mais com ela, talvez, do que com as outras. Porque nenhuma se lhe comparava, tão fogosa e húmida, tão louca na cama, tão doce no amor, tão nascida para aquilo. Chão onde estava plantado. Adormecia Nacib com a perna passada sobre a sua anca redonda. Como antigamente. Com uma diferença porém: agora não vivia no ciúme dos outros, no medo de perdê-la, na ânsia de mudá-la. (...)[23]

Na casa de Dora, Gabriela ria e folgava, a cantar e a dançar. No terno de reis levaria o estandarte. Pularia fogueira na noite santa de S. João. Folgava Gabriela, viver era bom. Batia onze horas, voltava para casa a esperar seu Nacib. Talvez fosse noite de ele vir a seu quarto, o cosquento bigode no seu cangote, a perna pesada sobre sua anca, o peito macio como um travesseiro.»

No romance *Memorial do Convento*, de 1982, José Saramago cria um par que ficará célebre para a eternidade. Blimunda e Baltasar. A história começa em 1711. Blimunda e Baltasar são plebeus, pobres, marginais, diferentes, uma vidente e um aleijado. Encontram-se no momento decisivo em que a mãe de Blimunda é condenada, por feitiçaria, ao degredo em Angola, e é esta que sugere telepaticamente à filha (no auto de fé) que

---

[23] AMADO, Jorge. 1966. Gabriela, Cravo e Canela, 5ª ed. Lisboa: Publicações Europa-América. p.482.

saiba quem é o homem alto que está perto dela. Estão destinados um ao outro desde esse momento. Blimunda toma a iniciativa de lhe perguntar o nome, de lhe sugerir que fique na sua casa. Vivem juntos dezanove anos sem se casarem legalmente, aceitando as características de cada um, colaborando sempre um com o outro e amando-se com desejo físico reiterado. Participam na construção de um invento, a passarola do padre Bartolomeu Lourenço, cada um dando o seu melhor, com o que as suas diferentes capacidades permitiam. Blimunda cai doente depois de recolher as vontades necessárias para elevar a passarola. Baltasar fica junto dela durante a doença, embora seja a música de Scarlatti que lhe devolve a vitalidade. Blimunda e Baltasar estão entregues a um destino que os une e os suplanta, com a miséria e o esforço das suas vidas contrapostos às dos reis e das rainhas com suas riquezas, suas mágoas e friezas. E superando essas vidas pela força do amor e pela participação no empreendimento que é a passarola. É precisamente um acidente com a passarola que provoca a fuga involuntária de Baltasar, e Blimunda passa depois nove anos procurando incansavelmente o amado, por caminhos de pó e lama. E quando o encontra, de novo num auto de fé, desta vez estando ele condenado, vê a vontade de Baltasar a desprender-se e pode recolhê-la dentro de si. Este é um amor de destino, de companheirismo, de construção partilhada, de fidelidade e de magia. Uma outra história de amor, feliz.

Conclusão

Este foi um ensaio com algumas características um tanto invulgares: a escrita a quatro mãos, a composição em fragmentos, mais concretamente, em dezoito reflexões. Um ensaio que nos possibilitou consolidar algumas ideias, aprofundar alguns questionamentos e nos deixou vontade de continuar a explorar o tema, de acrescentar outros textos, mais peças do puzzle.

A reflexão que inaugura o tratamento do tema, mostra dele duas faces: se, por um lado, pode ser muito difícil o relacionamento amoroso com alguém, por outro, o amor não é um ingrediente dispensável nas nossas vidas, ele é essencial e desde o nascimento. Assim, as incompreensões, equívocos e mistérios associados ao sentimento amoroso constituem um desafio obrigatório. Com esse pressuposto, fomos em busca de explicações e de outros olhares.

Os cinco outros textos da primeira parte, intitulada «definições de partida» pretenderam constituir uma base de trabalho. Visto que cada pessoa sente as suas necessidades específicas quando ama, há muitas formas de amar um(a) parceiro(a); deste modo, a nossa forma de amar não é a única, não é «a melhor» ou «a pior», também pode não ser sempre igual ao longo da vida, mas é conveniente tê-la em consideração, pois nem todas as formas de amar são compatíveis e é bom vincar esta constatação, abstendo-nos de forçar o que não pode ser forçado, e aceitando que a harmonia está muito facilitada quando essa compatibilidade existe.

Num mundo cada vez mais labiríntico no que respeita ao género, faz ainda sentido dizer que homens e mulheres não valorizam exatamente os mesmos aspetos no amor e daí resultam alguns conflitos ou desentendimentos – apontámos algumas dessas diferenças ao encarar e viver o relacionamento.

Os relacionamentos com pessoas do mesmo sexo continuam a ser discriminados na nossa sociedade, o que arrasta sofrimento para os intervenientes e multiplica os equívocos. Numa sociedade de diversidades e que valorize o essencial dos seres humanos, o afeto será decerto muito mais importante do que a orientação sexual que se tem.

Penetrámos depois no enredado mundo das escolhas de par (como se escolhe alguém para um relacionamento duradouro?) e trouxemos a lume alguns aspetos que têm sido considerados relevantes nessa escolha, na nossa sociedade ocidental em mutação.

A segunda parte do nosso ensaio centrou-se nas problemáticas: para começar, paixões obsessivas foi um dos temas escolhidos. A ciência do século XXI teve acesso ao cérebro e ao sistema nervoso central como nunca antes tinha tido. Essa acessibilidade revelou informações fundamentais para a compreensão do comportamento humano e desta problemática. Visto que os efeitos aditivos da paixão podem ser bastante graves, as dificuldades de gestão emocional podem ser ultrapassadas através de processos de repolarização, definição de limites e aceitação da perda.

Na reflexão seguinte fizemos uma descrição de alguns tipos de parceiro(a) problemático(a), citando o livro *Deuses Caídos* de Fernando Mesquita: falámos de narcisistas, desesperados por relações amorosas, acomodados...

Como o amor não se limita ao amor de um casal e as suas manifestações são bastante vastas, abordámos também a dificuldade de dar atenção a tanta gente que amamos: pais, filhos, outros familiares, amigos... e na mesma linha, surge o texto sobre os amores de uma mãe, em que se apresentaram desafios e equilíbrios que caracterizam a relação de uma mãe com os seus filhos, que desejará proteger, mas não sufocar.

Por vezes os óculos cor-de-rosa, metáfora para o excesso de idealismo, constituem o problema... este é o tema de uma outra reflexão em que focámos a idealização amorosa, a diferença entre ilusão e fantasia e também alguns riscos das relações iniciadas na internet. Finalmente, tendo como inspiração o filme *África minha*, considerámos o eixo liberdade-compromisso. Neste fragmento recorremos às obras de alguns psicólogos, como a do português Nuno Amado, que se inspirou no modelo de Sternberg, e concluímos que compromisso, intimidade e paixão constituem, segundo eles, pilares de um relacionamento amoroso satisfatório.

A terceira parte do nosso trabalho consistiu na apresentação de quatro casos reais, analisados em psicoterapia, que estão ligados a outras tantas questões: a primordialidade do amor que recebemos na infância ou como o amor é, de facto, fundamental; as dificuldades que temos por vezes em compreender as razões que levam alguém a deixar-nos e como isso pode ser perturbador; o mistério de desvendar os próprios desejos e de se sentir integrado numa sociedade organizada para pares heterossexuais quando se tem outra orientação sexual; a necessidade de desistir de alguém em vez de se lutar até ao absurdo por um relacionamento.

A quarta e última parte do nosso ensaio - atitudes facilitadoras e desenganos - sugere algumas atitudes que podem tornar as nossas vidas mais satisfatórias, os nossos relacionamentos menos desencontrados ou menos ilusórios. Abordámos, entre outros assuntos, o valor da autoestima nos relacionamentos, o peso da relação da pessoa consigo mesma e do parceiro consigo mesmo, na interação dos dois.

Explorámos os limites do conceito de amor na referência a um amor maior, o amor coletivo e universal, que nos pode proporcionar um sentimento de satisfação importante, pela comunhão com o todo e a sua beleza. Por outro lado, analisámos a atitude de gratidão por tudo aquilo que tivemos ou temos, a capacidade de atribuir um valor ao que vivemos como recurso para a felicidade. E fechámos o nosso ensaio com dois exemplos de amores felizes encontrados na literatura do século XX, explorando as razões para os considerarmos como tal – felizes. E porque a esperança sustém as nossas vidas.

Tal como referimos na introdução, este não é um livro de autoajuda, no entanto esperamos, sinceramente, que esta obra permita ao leitor encontrar respostas para algumas das suas dúvidas e dos seus eventuais problemas. Foi com esse intuito que a escrevemos. Porque o amor é um assunto para toda a vida, pode ocupar-nos indefinidamente dando sentido à nossa existência, em casal, sozinho, em grupo, em família ou em comunidade alargada. Pretendemos continuar a refletir sobre este tema encontrando outros recortes/focos ou aprofundando alguns dos agora escritos. Até lá.